Schritte PLUS NEU 5+6 Niveau B1

Deutsch als Zweitsprache
Spielesammlung

Kopiervorlagen

Cornelia Klepsch

Hueber Verlag

Quellenverzeichnis:
Produktionsfotos Seite 10, 48, 80: Nina Metzger – Hueber Verlag, München

Bildredaktion: Nina Metzger, Hueber Verlag, München

Um die Vorder- und Rückseiten der Karten deckungsgleich zu kopieren, gehen Sie bitte folgendermaßen vor:
- Trennen Sie die gewünschte Seite entlang der Perforationslinie heraus.
- Aktivieren Sie an Ihrem Kopierer den Modus zum doppelseitigen Kopieren.
- Legen Sie nun die Vorderseite der Spielkarten am linken oberen Rand des Kopierers an.
- Die Rückseite sollte dann oben rechts, an der Markierung für DIN-A4-Format, anliegen.

Der Verlag weist ausdrücklich darauf hin, dass im Text enthaltene externe Links vom Verlag nur bis zum Zeitpunkt der Buchveröffentlichung eingesehen werden konnten. Auf spätere Veränderungen hat der Verlag keinerlei Einfluss. Eine Haftung des Verlags ist daher ausgeschlossen.

Das Werk und seine Teile sind urheberrechtlich geschützt. Jede Verwertung in anderen als den gesetzlich zugelassenen Fällen bedarf deshalb der vorherigen schriftlichen Einwilligung des Verlags.

Eingetragene Warenzeichen oder Marken sind Eigentum des jeweiligen Zeichen- bzw. Markeninhabers, auch dann, wenn diese nicht gekennzeichnet sind. Es ist jedoch zu beachten, dass weder das Vorhandensein noch das Fehlen derartiger Kennzeichnungen die Rechtslage hinsichtlich dieser gewerblichen Schutzrechte berührt.

4.	3.	2.			Die letzten Ziffern
2029	28	27	26	25	bezeichnen Zahl und Jahr des Druckes.

Alle Drucke dieser Auflage können, da unverändert, nebeneinander benutzt werden.
1. Auflage
© 2018 Hueber Verlag GmbH & Co. KG, München, Deutschland
Umschlaggestaltung: Sieveking Agentur, München
Illustrationen: Jörg Saupe, Düsseldorf
Layout und Satz: Sieveking Agentur, München
Verlagsredaktion: Andreas Tomaszewski, Hueber Verlag, München
GPSR-Kontakt: Hueber Verlag GmbH & Co. KG, Baubergerstraße 30, 80992 München, kundenservice@hueber.de
Druck und Bindung: Friedrich Pustet GmbH & Co. KG, Gutenbergstraße 8, 93051 Regensburg, technik@pustet.de
Printed in Germany
ISBN 978–3–19–341085–6

Vorwort

Liebe Leserinnen, liebe Leser,

die *Spielesammlung Schritte plus Neu* bietet Ihnen umfangreiches Zusatzmaterial, das genau auf die Progression von *Schritte plus Neu* zugeschnitten ist. Die meisten Spiele lassen sich jedoch auch ohne Weiteres in Verbindung mit anderen Grundstufenlehrwerken einsetzen. Die drei Bände der Spielesammlung entsprechen den Niveaustufen A1, A2 und B1 des Gemeinsamen Europäischen Referenzrahmens.

Fünf Spieltypen
Zu jeder Lektion von *Schritte plus Neu* finden Sie fünf verschiedene Spieltypen in Form von Kopiervorlagen:
- **Grammatikspiele**
  zum spielerischen Einüben, Wiederholen, Automatisieren und Visualisieren der wichtigsten Grammatikstrukturen
- **Wortschatzspiele**
  zum Festigen und Wiederholen von Wortschatz sowie zur Erweiterung der sprachlichen Ausdrucksfähigkeit
- **Artikelspiele**
  zum unterhaltsamen Erlernen von Artikeln und zum Schaffen von Grundlagen für die Einführung bestimmter Grammatikstrukturen
- **Mini-Gespräche**
  zum Einschleifen von Redemitteln und grammatischen Strukturen sowie als Übergang zum freien Sprechen
- **Gesprächsanlässe**
  zur Anwendung von Wortschatz, Grammatik und Redemitteln, zur Förderung des freien Sprechens und Schreibens sowie zur Vorbereitung auf mündliche Prüfungen

Vielfältiger Einsatz
Zu jedem Spieltyp finden Sie verschiedene Spielanleitungen, die Sie selbstverständlich durch eigene Ideen erweitern können.

Die Spiele lassen sich leicht an unterschiedliche Zielgruppen und Bedürfnisse anpassen und sind folgendermaßen einsetzbar:
- für lernungewohnte und geübte Teilnehmerinnen/Teilnehmer (TN) und somit auch besonders zur Binnendifferenzierung in heterogenen Gruppen
- für verschiedene Lerntypen
- als Kartenspiel, als Brettspiel, als Klassenspaziergang, als Wettbewerb, als Fragebogen, als schriftliche oder mündliche Übung, als Lernstation, als Lernkartei
- allein, zu zweit, zu dritt, in großen Gruppen, im Plenum, mit festen oder mit wechselnden Spielpartnern sowie zum Selbststudium
- zur Wiederholung, zur Ergänzung, zur Festigung, zur Vorbereitung auf Prüfungen und zur freien Anwendung beim Sprechen und Schreiben
- zur Auflockerung, zur Motivation, zur Aktivierung, zur Verbesserung der Konzentration, zum Abbau von Ängsten und Hemmungen, zur Förderung der Lernerautonomie, zum Schaffen einer angenehmen Lernatmosphäre, zum Vermitteln von Lerntechniken

Vorbereitung
Die Spiele sind mit wenig Aufwand herzustellen und können durch die vielfältigen Einsatzmöglichkeiten in einem Kurs sogar mehrmals verwendet werden.

Ich wünsche Ihnen und vor allem Ihren Kursteilnehmerinnen und Kursteilnehmern viel Spaß beim Spielen und danke allen, die dazu beigetragen haben, dass diese Spielesammlung im Rahmen meiner Unterrichtspraxis nach und nach wachsen und reifen konnte.

Cornelia Klepsch

Inhalt

Spielbretter / Blanko-Vorlage	6–8

Grammatikspiele — 9–44

Anleitung — 9

Schritte plus Neu 5

zu Lektion 1	Konjunktionen: *als, wenn*	13
zu Lektion 1	Präteritum	15
zu Lektion 2	Relativsätze im Nominativ und Akkusativ	17
zu Lektion 2	Relativsätze im Nominativ, Akkusativ und Dativ	19
zu Lektion 3	Passiv Präsens mit und ohne Modalverb	23
zu Lektion 4	Irrealer Bedingungssatz	25
zu Lektion 5	Infinitiv mit *zu*	27
zu Lektion 6	Finalsätze	29
zu Lektion 7	Präpositionaladverb oder Präposition + Pronomen	31

Schritte plus Neu 6

zu Lektion 8	Relativsätze im Nominativ, Akkusativ, Dativ und mit Präposition	33
zu Lektion 9	Konjunktion: *als ob*	35
zu Lektion 10	Partizip Präsens	37
zu Lektion 11	Futur I	39
zu Lektion 12	Konjunktionen: *bis, bevor, nachdem, während, seit(dem)*	41
zu Lektion 13	Passiv: Präteritum und Perfekt	43

Wortschatzspiele — 45–78

Anleitung — 45

Schritte plus Neu 5		**Schritte plus Neu 6**	
zu Lektion 1	51	zu Lektion 8	65
zu Lektion 2	53	zu Lektion 9	67
zu Lektion 3	55	zu Lektion 10	69
zu Lektion 4	57	zu Lektion 11	71
zu Lektion 5	59	zu Lektion 12	73
zu Lektion 6	61	zu Lektion 13	75
zu Lektion 7	63	zu Lektion 14	77

Artikelspiele — 79–112

Anleitung — 79
Artikelkarten — 83

Schritte plus Neu 5		**Schritte plus Neu 6**	
zu Lektion 1	85	zu Lektion 8	99
zu Lektion 2	87	zu Lektion 9	101
zu Lektion 3	89	zu Lektion 10	103
zu Lektion 4	91	zu Lektion 11	105
zu Lektion 5	93	zu Lektion 12	107
zu Lektion 6	95	zu Lektion 13	109
zu Lektion 7	97	zu Lektion 14	111

Inhalt

Mini-Gespräche		**113–127**
Anleitung		113
Schritte plus Neu 5		
zu Lektion 1	Fragen über besondere Momente (Konjunktionen *als*, *wenn*; Perfekt)	115
zu Lektion 2	Erstaunen ausdrücken (Konjunktion *obwohl*)	116
zu Lektion 3	Vorgänge beschreiben (Passiv Präsens mit Modalverb)	117
zu Lektion 4	Über Irreales sprechen (Konjunktion *wenn*: irrealer Bedingungssatz)	118
zu Lektion 5	Persönliche Fragen (Infinitiv mit *zu*)	119
zu Lektion 6	Einen Zweck nennen (*um zu* + Infinitiv, Konjunktion *damit*)	120
zu Lektion 7	Bedauern äußern (Konjunktiv II Vergangenheit: irreale Wünsche)	121
Schritte plus Neu 6		
zu Lektion 8	Vergleiche (zweiteilige Konjunktion *je … desto*)	122
zu Lektion 9	Aufgaben aufteilen (Konjunktion *während*)	123
zu Lektion 10	Gemeinsamkeiten und Unterschiede (Relativsätze mit *was*, *wo*)	124
zu Lektion 11	Vermutungen/Vorhersagen ausdrücken (Futur I)	125
zu Lektion 12	Eine Möglichkeit nennen (Konjunktion *indem*)	126
zu Lektion 13	Steigerung (Adjektivdeklination mit Komparativ)	127
Gesprächsanlässe		**128–143**
Anleitung		128
Schritte plus Neu 5		
zu Lektion 1	Glück	130
zu Lektion 2	Radio und Fernsehen	131
zu Lektion 3	Gesundheit	132
zu Lektion 4	Sprachen	133
zu Lektion 5	Arbeit	134
zu Lektion 6	Selbstständig	135
zu Lektion 7	Wohnen und Träumen	136
Schritte plus Neu 6		
zu Lektion 8	Beziehungen am Arbeitsplatz oder im Deutschkurs	137
zu Lektion 9	Technik	138
zu Lektion 10	Werbung	139
zu Lektion 11	Integration	140
zu Lektion 12	Hilfe bei Problemen	141
zu Lektion 13	Politik und Geschichte	142
zu Lektion 14	Prüfung	143

Spielbrett 1

Spielbrett 2

Schritte PLUS NEU B1
Spielesammlung

Blanko-Vorlage

Schritte PLUS NEU B1
Spielesammlung

Grammatikspiele Anleitung

Schritte PLUS NEU B1
Spielesammlung

Auf den Seiten 13 – 44 finden Sie **15 verschiedene Vorlagen für Grammatikspiele**. Jedes Spiel besteht aus einer zweiseitigen Kopiervorlage. Auf der Vorderseite stehen Aufgaben, auf der Rückseite mit Häkchen ✓ stehen die Lösungen.

Zu jeder Vorlage gibt es **acht verschiedene Einsatzmöglichkeiten**, z. B. als Gruppenspiel mit 18 Kärtchen, als Brettspiel oder als Wettbewerb.

Grammatikthemen und Wortschatz passen zu den einzelnen Lektionen von *Schritte plus Neu 5+6*, können aber auch zu anderen Lehrwerken eingesetzt werden.

Möglichkeit 1: Kartenspiel mit Spielbrett 1

VORBEREITUNG
Kopieren Sie für jede Gruppe ein Grammatikspiel zweiseitig auf stärkeres Papier. Auf der Vorderseite stehen 18 Aufgaben, auf der Rückseite die passenden Lösungen. Beachten Sie dabei die Kopierhinweise auf Seite 2.
Zerschneiden Sie nun jede Kopie in 18 Grammatikkärtchen oder bringen Sie genug Scheren mit, damit die TN die Karten selbst ausschneiden können.
Kopieren Sie außerdem für jede Gruppe das Spielbrett 1 auf Seite 6.

1. Die TN bilden Dreiergruppen.
2. Jede Gruppe erhält einen Stapel mit 18 ausgeschnittenen Grammatikkarten und ein Spielbrett 1.
3. Spielbrett 1 wird auf den Tisch gelegt. Die Grammatikkarten liegen mit der Vorderseite nach oben auf einem Stapel.

4. Alle TN lesen die oberste Grammatikkarte. TN 1 löst die erste Aufgabe. TN 2 und TN 3 stimmen zu bzw. machen einen Gegenvorschlag.
5. Anschließend wird die Lösung mithilfe der Rückseite der Grammatikkarte überprüft.

6. Haben <u>alle</u> TN einer Kleingruppe die richtige Lösung genannt, kommt die Grammatikkarte auf das Feld „alle richtig", andernfalls wird sie auf das Feld „leider falsch" gelegt.

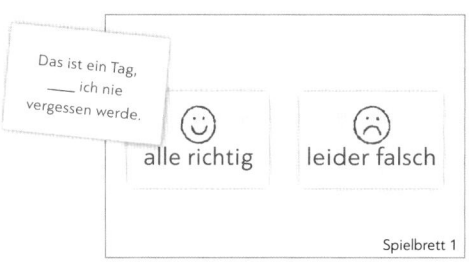

7. Nun ist TN 2 mit der nächsten Karte dran. TN 1 und 3 kommentieren ihre/seine Lösung. Es folgen Schritt 5 und Schritt 6. Dann macht TN 3 weiter.
8. In einem zweiten Durchgang werden nur noch die auf dem Feld „leider falsch" liegenden Karten bearbeitet. Bei Bedarf können noch weitere Durchgänge folgen.
9. Das Spiel endet, wenn alle Grammatikkarten auf dem Feld „alle richtig" liegen.

Möglichkeit 2: Kartenspiel mit Spielbrett 1 und Lückenkarten

Bei der Spielvorlage zu Lektion 2 gibt es eine zusätzliche Kopiervorlage mit sogenannten Lückenkarten (Seite 21).

VORBEREITUNG
Kopieren Sie für jede Gruppe ein Grammatikspiel zweiseitig auf stärkeres Papier. Auf der Vorderseite stehen 18 Aufgaben, auf der Rückseite die passenden Lösungen. Beachten Sie bitte die Kopierhinweise auf Seite 2.
Zerschneiden Sie nun jede Kopie in 18 Grammatikkärtchen.
Kopieren Sie außerdem für jede Gruppe die Kopiervorlage mit den Lückenkarten auf stärkeres Papier und schneiden Sie die Kärtchen aus.
Kopieren Sie auch für jede Gruppe das Spielbrett 1 auf Seite 6.

Grammatikspiele Anleitung

Schritte PLUS NEU B1
Spielesammlung

Grammatikkarte
Vorderseite

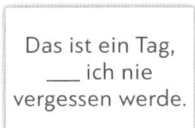

Grammatikkarte
Rückseite

Spielbrett 1

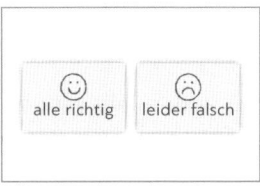

Lückenkartenset

1. Die TN bilden Dreiergruppen.
2. Jede Gruppe erhält einen Stapel mit 18 ausgeschnittenen, zweiseitigen Grammatikkärtchen, ein Spielbrett 1 und drei Sets Lückenkarten (Seite 21).
3. Spielbrett 1 wird auf den Tisch gelegt. Die Grammatikkarten liegen mit der Vorderseite nach oben auf einem Stapel. Jeder Spieler erhält ein Set Lückenkarten, die er verdeckt in der Hand hält.

4. Die TN lesen die oberste Grammatikkarte. Jede/r TN einer Gruppe legt ohne zu sprechen die passende Lückenkarte verdeckt auf den Tisch.
5. Anschließend werden alle Lückenkarten aufgedeckt und mit der Lösung auf der Rückseite der Grammatikkarte verglichen.

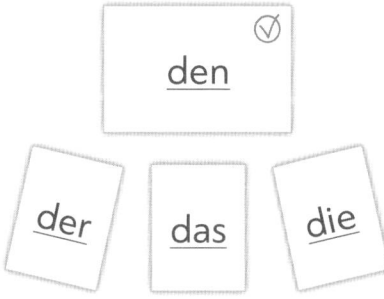

6. Haben <u>alle</u> TN einer Kleingruppe die richtige Lösung gewählt, kommt die Grammatikkarte auf das Feld „alle richtig", andernfalls wird sie auf das Feld „leider falsch" gelegt.
7. In einem zweiten Durchgang werden nur noch die auf dem Feld „leider falsch" liegenden Karten bearbeitet. Bei Bedarf können noch weitere Durchgänge folgen.
8. Das Spiel endet, wenn alle Grammatikkarten auf dem Feld „alle richtig" liegen.

Möglichkeit 3: Gegenseitiges Abfragen

VORBEREITUNG: Kopieren Sie für jede Gruppe ein Grammatikspiel zweiseitig auf stärkeres Papier. Auf der Vorderseite stehen 18 Aufgaben, auf der Rückseite die passenden Lösungen. Beachten Sie dabei die Kopierhinweise auf Seite 2. Zerschneiden Sie nun jede Kopie in 18 Grammatikkärtchen oder bringen Sie genug Scheren mit, damit die TN die Karten selbst ausschneiden können.

1. Die TN arbeiten zu zweit. Jede Zweiergruppe erhält ein Set mit 18 Grammatikkarten, das die TN unter sich aufteilen. Jede/r TN bekommt also neun Kärtchen.
2. Die TN fragen sich abwechselnd ab und benutzen die Rückseite der Karten zur Kontrolle. Geübte TN lesen die Aufgabe vor, ungeübte zeigen der Partnerin / dem Partner die Karte.
3. Richtig gelöste Aufgaben werden abgelegt, falsch gelöste Aufgaben werden in der nächsten Runde noch einmal abgefragt.
4. Das Spiel endet, wenn jede/r TN die neun Aufgaben richtig gelöst hat. Besonders schwierige Sätze können im Heft notiert werden.
5. Anschließend können die Partner ihre neun Kärtchen tauschen und weitere Durchgänge spielen.

Grammatikspiele Anleitung

Möglichkeit 4: Gruppenwettbewerb

VORBEREITUNG

Kopieren Sie ein Grammatikspiel zweiseitig auf stärkeres Papier. Auf der Vorderseite stehen 18 Aufgaben, auf der Rückseite die passenden Lösungen. Beachten Sie dabei die Kopierhinweise auf Seite 2. Zerschneiden Sie nun die Kopie in 18 Grammatikkärtchen.
Variante: Projizieren Sie die Vorderseite des Grammatikspiels (z. B. mit Tageslichtprojektor) an die Wand und decken Sie dann eine Aufgabe nach der anderen auf.

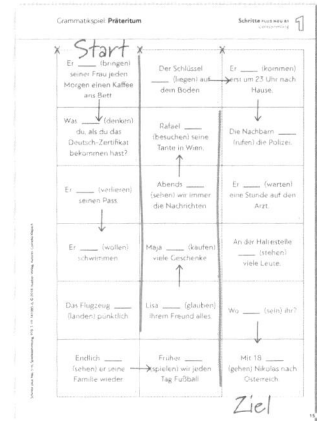

1. Das Spiel wird in Form eines Wettbewerbs für zwei, drei oder sechs Kleingruppen durchgeführt. Die 18 Grammatikkärtchen werden gleichmäßig auf die Gruppen verteilt.
2. Eine/Ein TN liest den gegnerischen Gruppen die Aufgabe auf einer Karte vor. Die Gruppe, die sich zuerst meldet und die richtige Lösung nennt, bekommt die Karte. War die Antwort falsch, haben die anderen Gruppen die Möglichkeit zu antworten.
3. Dann ist die nächste Gruppe mit dem Vorlesen einer Aufgabe an der Reihe, usw. Die Gruppe, die am Ende die meisten Karten (richtige Antworten) hat, hat gewonnen.

Variante: Bei schwierigen Aufgaben ist es besser, die Vorderseite des Grammatikspiels zu projizieren und nach und nach aufzudecken.

Möglichkeit 5: Brettspiel

VORBEREITUNG

Kopieren Sie für jede Gruppe die Vorderseite eines Grammatikspiels, am besten auf DIN-A3 vergrößert als Spielbrett. Schreiben Sie auf das Spielbrett oben links „Start" und unten rechts „Ziel", nummerieren Sie die Felder und geben Sie Richtungspfeile und Trennlinien vor, damit die TN wissen, wie sie sich auf dem Spielbrett bewegen müssen.
Darüber hinaus brauchen Sie für jede/n TN einen Spielstein und für jede Kleingruppe einen Würfel.
Variante: Stellen Sie die Rückseite des Grammatikspiels als Lösungsschlüssel zur Verfügung. Dabei ist jedoch zu beachten, dass die Spalten dann spiegelverkehrt sind. Daher sollten Sie vor dem Kopieren die Spalten 1 und 3 vertauschen oder die einzelnen Felder nummerieren.

1. Die TN bilden Gruppen zu je 3 – 4 TN. Jede/r TN erhält einen Spielstein. Jede Gruppe bekommt einen Würfel und ein Spielbrett.
2. TN 1 würfelt, zieht und löst die jeweilige Aufgabe. Ist die Antwort falsch, muss sie/er zwei Felder zurück. Dann ist TN 2 an der Reihe.
3. Gewonnen hat, wer als Erstes das Ziel erreicht.
4. Wenn die Gruppe sehr schnell fertig ist, kann sie weitere Durchläufe machen.

Variante: Wenn Sie die Rückseite der Kopiervorlage als Lösung verwenden möchten, sollten Sie eine/n TN der Gruppe bestimmen, die/der nicht direkt mitspielt, sondern nur mit dem Lösungsblatt die Antworten überprüft. Dann ist es sinnvoll, mehrere Runden zu planen, sodass jede/r einmal „Kontrolleur" ist. Zur Binnendifferenzierung bietet es sich an, den schwächsten Spieler in der ersten Runde als Kontrolleur einzusetzen.

Möglichkeit 6: Lernstationen

VORBEREITUNG

Wählen Sie verschiedene Grammatikthemen, Wortschatzspiele, Artikel oder Mini-Gespräche aus. Kopieren Sie von jedem Spiel ein oder zwei Sätze zweiseitig auf stärkeres Papier. Auf der Vorderseite stehen die Aufgaben, auf der Rückseite die passenden Lösungen. Beachten Sie bitte die Kopierhinweise auf Seite 2.
Zerschneiden Sie nun die Kopien in einzelne Kärtchen.
Bauen Sie je nach TN-Zahl genügend Stationen mit unterschiedlichen Aufgaben im Kursraum auf. Weisen Sie an jeder Station darauf hin, was genau geübt werden soll. Legen Sie außerdem bei Bedarf zu jeder Aufgabe eine schriftliche Anleitung aus.

Grammatikspiele **Anleitung**

Die TN gehen von Station zu Station und lösen die Aufgaben selbstständig oder in Partnerarbeit. Die Kontrolle erfolgt mithilfe der Lösung auf der Rückseite. Stehen Sie für Fragen zur Verfügung.

Möglichkeit 7: Lernkartei

VORBEREITUNG

Wählen Sie verschiedene Grammatikthemen, Wortschatzspiele, Artikel oder Mini-Gespräche aus. Kopieren Sie von jedem Spiel ein oder zwei Sätze zweiseitig auf stärkeres Papier. Auf der Vorderseite stehen die Aufgaben, auf der Rückseite die passenden Lösungen. Beachten Sie bitte die Kopierhinweise auf Seite 2.
Schaffen Sie einen Karteikasten an, in den Sie die Kärtchen nach Themen oder Lektionen sortiert einordnen. Der Karteikasten steht für alle zugänglich im Kursraum.

TN, die bereits einige Zeit vor Unterrichtsbeginn eintreffen oder die bei gemeinsamen Übungen schneller als andere fertig sind, nehmen sich die Kärtchen und können auf diese Weise die Zeit zur Wiederholung nutzen.
Alternativ können Sie die Kärtchen auch für die TN kopieren oder sie schwächeren TN zur Wiederholung nach Hause mitgeben.

Möglichkeit 8: Arbeitsblatt

VORBEREITUNG

Kopieren Sie die Vorderseite eines Grammatikspiels für jede/n TN als Arbeitsblatt.
Variante: Kopieren Sie auf die Rückseite die Blanko-Vorlage von Seite 8.

1 Die TN bearbeiten das Arbeitsblatt.
2 Anschließend wird die Aufgabe korrigiert.

Variante: Wenn Sie auch die Blanko-Vorlage kopiert haben, können die TN die Lösung auf die Rückseite schreiben. Manche TN verwirrt es, dass die Blanko-Vorlage spiegelverkehrt ausgefüllt werden muss. In diesem Fall ist es hilfreich, die einzelnen Felder auf beiden Seiten zu nummerieren. Nachdem die Aufgaben im Plenum korrigiert wurden, können die Karten ausgeschnitten und zum selbstständigen Üben mit einer eigenen Lernkartei (siehe Möglichkeit 7) verwendet werden.

Einsatz im Unterricht

Die Grammatikspiele eignen sich besonders

– zur Vertiefung und Automatisierung bekannter Strukturen: Die Grammatikspiele sind vor allem für die Phase nach der Einführung neuer Strukturen als zusätzliches Übungsmaterial geeignet.

– zur Aktivierung der Teilnehmer: Besonders, wenn es um Grammatik geht, haben manche TN Hemmungen, sich zu äußern. Sie fürchten sich, Fehler vor der Gruppe zu machen oder korrigiert zu werden. Durch die spielerische Übungsform werden auch zurückhaltende TN dazu angeregt, sich aktiv zu beteiligen.

– zur Wiederholung und Auffrischung bekannter Strukturen: Setzen Sie die Spiele gern auch einige Lektionen oder gar Niveaustufen später ein, um die Kenntnisse aufzufrischen. Auch kurz vor einem Test ist eine spielerische Wiederholung hilfreich.

– zur Binnendifferenzierung: Wenn nur einzelne TN Schwierigkeiten haben, können Sie diese in einer Kleingruppe zusammenfassen und intensiv unterstützen, während die anderen Kleingruppen mithilfe der Lösungen auf der Rückseite selbstständig mit den Grammatikspielen arbeiten. In heterogenen Kleingruppen helfen stärkere TN in der Regel gern schwächeren TN. Wenn Sie schwächeren TN oder TN, die im Unterricht gefehlt haben, zusätzliche Übungsmöglichkeiten geben möchten, können Sie ihnen die Karten nach Hause mitgeben. Hier bietet es sich auch an, die TN beim Aufbau einer eigenen Lernkartei zu unterstützen.

– zur Auflockerung und Motivation: Der spielerische Charakter trägt zur Auflockerung des Unterrichts bei. Durch die Arbeit in Kleingruppen sind alle TN aufgefordert, sich aktiv zu beteiligen. Manche TN sportnt es an, sich mit anderen zu messen. Außerdem können die TN sich gegenseitig motivieren und Lernerfahrungen austauschen.

Grammatikspiel: Konjunktionen: als, wenn

Mein Bruder war drei Jahre alt. – Ich wurde geboren.	Ich habe es eilig. – Ich nehme das Auto.	Wir hatten Urlaub. – Wir sind immer in die Berge gefahren.
Peppe war ein Kind. – Es gab noch keine Handys.	Ich war krank. – Ich durfte immer viel fernsehen.	Wir waren letztes Jahr in Moskau. – Es war sehr heiß.
Wir haben unsere Oma besucht. – Wir haben immer Süßigkeiten bekommen.	Ich war 22 Jahre alt. – Ich bin nach Deutschland gekommen.	Sie ist müde. – Sie trinkt immer Espresso.
Ich bin heute aufgestanden. – Die Sonne hat geschienen.	Er war noch nicht verheiratet. – Er ist jeden Abend ausgegangen.	Ich war klein. – Wir lebten auf dem Land.
Wir haben das zum ersten Mal gesehen. – Wir waren total überrascht.	Sein Vater hat seinen Job verloren. – Er musste das Studium abbrechen.	Ich bin gestern nach Hause gekommen. – Es war schon dunkel.
Sie haben geheiratet. – Hermine war schwanger.	Sie hatte kein Geld mehr. – Sie hat immer ihre reiche Tante besucht.	Sie war das erste Mal im Deutschkurs. – Sie hat kein Wort verstanden.

Grammatikspiel: Konjunktionen: als, wenn

Wenn wir Urlaub hatten, sind wir immer in die Berge gefahren.

Wenn ich es eilig habe, nehme ich das Auto.

Als mein Bruder drei Jahre alt war, wurde ich geboren.

Als wir letztes Jahr in Moskau waren, war es sehr heiß.

Wenn ich krank war, durfte ich immer viel fernsehen.

Als Peppe ein Kind war, gab es noch keine Handys.

Wenn sie müde ist, trinkt sie immer Espresso.

Als ich 22 Jahre alt war, bin ich nach Deutschland gekommen.

Wenn wir unsere Oma besucht haben, haben wir immer Süßigkeiten bekommen.

Als ich klein war, lebten wir auf dem Land.

Als er noch nicht verheiratet war, ist er jeden Abend ausgegangen.

Als ich heute aufgestanden bin, hat die Sonne geschienen.

Als ich gestern nach Hause gekommen bin, war es schon dunkel.

Als sein Vater seinen Job verloren hat, musste er das Studium abbrechen.

Als wir das zum ersten Mal gesehen haben, waren wir total überrascht.

Als sie das erste Mal im Deutschkurs war, hat sie kein Wort verstanden.

Wenn sie kein Geld mehr hatte, hat sie immer ihre reiche Tante besucht.

Als sie geheiratet haben, war Hermine schwanger.

Grammatikspiel: **Präteritum**

Er _____ (bringen) seiner Frau jeden Morgen einen Kaffee ans Bett.	Der Schlüssel _____ (liegen) auf dem Boden.	Er _____ (kommen) erst um 23 Uhr nach Hause.
Was _____ (denken) du, als du das Deutsch-Zertifikat bekommen hast?	Rafael _____ (besuchen) seine Tante in Wien.	Die Nachbarn _____ (rufen) die Polizei.
Er _____ (verlieren) seinen Pass.	Abends _____ (sehen) wir immer die Nachrichten.	Er _____ (warten) eine Stunde auf den Arzt.
Er _____ (wollen) schwimmen.	Maja _____ (kaufen) viele Geschenke.	An der Haltestelle _____ (stehen) viele Leute.
Das Flugzeug _____ (landen) pünktlich.	Lisa _____ (glauben) ihrem Freund alles.	Wo _____ (sein) ihr?
Endlich _____ (sehen) er seine Familie wieder.	Früher _____ (spielen) wir jeden Tag Fußball.	Mit 18 _____ (gehen) Nikolas nach Österreich.

Grammatikspiel: **Präteritum**

Schritte PLUS NEU B1
Spielesammlung 1

Er **kam** erst um 23 Uhr nach Hause.

Der Schlüssel **lag** auf dem Boden.

Er **brachte** seiner Frau jeden Morgen einen Kaffee ans Bett.

Die Nachbarn **riefen** die Polizei.

Rafael **besuchte** seine Tante in Wien.

Was **dachtest** du, als du das Deutsch-Zertifikat bekommen hast?

Er **wartete** eine Stunde auf den Arzt.

Abends **sahen** wir immer die Nachrichten.

Er **verlor** seinen Pass.

An der Haltestelle **standen** viele Leute.

Maja **kaufte** viele Geschenke.

Er **wollte** schwimmen.

Wo **wart** ihr?

Lisa **glaubte** ihrem Freund alles.

Das Flugzeug **landete** pünktlich.

Mit 18 **ging** Nikolas nach Österreich.

Früher **spielten** wir jeden Tag Fußball.

Endlich **sah** er seine Familie wieder.

Grammatikspiel: Relativsätze im Nominativ und Akkusativ

Hast du die Nachricht bekommen, _____ ich dir geschickt habe?	Das ist ein Tag, _____ ich nie vergessen werde.	Hast du einen Freund, _____ gut Deutsch spricht?
Bitte bring den Brief, _____ auf dem Tisch liegt, zur Post.	Das Auto, _____ sie gekauft haben, hat 50.000 Euro gekostet.	Wo ist denn die Brille, _____ ich gerade hier auf den Tisch gelegt habe?
Ich möchte mit dem Mechaniker sprechen, _____ mein Auto repariert hat.	Das Buch gehört der Schülerin, _____ hier am Fenster sitzt.	Da ist ja der Schirm, _____ ich die ganze Zeit gesucht habe.
Der Brief, _____ du geschrieben hast, ist sehr interessant.	Der Ring, _____ ich verloren habe, war ein Geschenk von meiner Oma.	Der Kuchen, _____ du gestern mitgebracht hast, war total lecker.
Weißt du, wie der Maler heißt, _____ dieses Bild gemalt hat?	Wo sind eigentlich die Fotos, _____ ich dir zeigen wollte?	Ich kenne eine Frau, _____ sieben Sprachen spricht.
Gestern habe ich ein Handy gesehen, _____ ich gern kaufen möchte.	Das ist meine Tante, _____ in den USA lebt.	Ein Glückspilz ist ein Mensch, _____ immer Glück hat.

Grammatikspiel: Relativsätze im Nominativ und Akkusativ

Schritte PLUS NEU B1 Spielesammlung 2

✓	✓	✓
der	den	die

✓	✓	✓
die	das	der

✓	✓	✓
den	die	der

✓	✓	✓
den	den	den

✓	✓	✓
die	die	der

✓	✓	✓
der	die	das

Grammatikspiel: Relativsätze im Nominativ, Akkusativ und Dativ

Wer ist der Mann, _____ du die ganze Zeit anschaust?	Ich habe eine Freundin, _____ Johnny Depp nicht gefällt.	Hast du das Buch gelesen, _____ da auf dem Tisch liegt?
Hast du einen Freund, _____ du alles erzählen kannst?	Wie heißt der Sänger, _____ du so toll findest?	Wohin fährt der Bus, _____ hier steht?
Schon wieder diese komische Frau, _____ so viel redet!	Es gibt viele Menschen, _____ Alkohol nicht schmeckt.	Wie findest du den Film, _____ wir gestern gesehen haben?
Wo ist der Junge, _____ dieser Hund gehört?	Wann kommen die Leute, _____ du zum Essen eingeladen hast?	Ich hätte gern ein Haus, _____ direkt am Meer liegt.
Hier sind die Leute, _____ mit dir sprechen wollten.	Woher kommt das Mädchen, _____ du gestern kennengelernt hast?	Erinnerst du dich an den Fußballspieler, _____ nach dem Spiel geweint hat?
Die Studenten, _____ das Auto gehört, kommen aus Kenia.	Ist München die Stadt, _____ dir am besten gefällt?	Wer ist der Mann, _____ du einen Kuss gegeben hast?

Grammatikspiel: Relativsätze im Nominativ, Akkusativ und Dativ

✓	✓	✓
das	der (die)	den
✓	✓	✓
der	den	dem
✓	✓	✓
den	denen	die
✓	✓	✓
das	die	dem
✓	✓	✓
der	das	die
✓	✓	✓
dem	die	denen

Lückenkarten zur Adjektivdeklination

Schritte PLUS NEU B1
Spielesammlung 2

Spieler 1	Spieler 2	Spieler 3
denen	denen	denen
dem	dem	dem
die	die	die
das	das	das
den	den	den
der	der	der

Grammatikspiel: Passiv Präsens mit und ohne Modalverb

Hier darf man nicht parken.	Im Deutschkurs soll man nur Deutsch sprechen.	Man sollte die Pakete vorsichtig transportieren.
Man muss die Wohnung renovieren.	In Brasilien spricht man Portugiesisch.	Man muss Onkel Ben leider operieren.
Man sollte das Bad mal wieder putzen.	In der Goethestraße baut man eine neue Schule.	Man kann die Prüfung wiederholen.
Man muss das Formular unterschreiben.	An dieser Kasse kann man nur bar bezahlen.	„Angst" schreibt man groß.
Bei uns trinkt man viel Kaffee.	Man repariert das Auto nächsten Montag.	Man muss die Kinder ins Bett bringen.
Man informiert Sie rechtzeitig.	Man muss Klara gegen Grippe impfen.	In der U-Bahn darf man nicht rauchen.

Grammatikspiel: **Passiv Präsens mit und ohne Modalverb**

Schritte PLUS NEU B1 — Spielesammlung 3

☑ Die Pakete **sollten** vorsichtig **transportiert werden**.

☑ Im Deutschkurs **soll** nur Deutsch **gesprochen werden**.

☑ Hier **darf** nicht **geparkt werden**.

☑ Onkel Ben **muss** leider **operiert werden**.

☑ In Brasilien **wird** Portugiesisch **gesprochen**.

☑ Die Wohnung **muss renoviert werden**.

☑ Die Prüfung **kann wiederholt werden**.

☑ In der Goethestraße **wird** eine neue Schule **gebaut**.

☑ Das Bad **sollte** mal wieder **geputzt werden**.

☑ „Angst" **wird großgeschrieben**.

☑ An dieser Kasse **kann** nur bar **bezahlt werden**.

☑ Das Formular **muss unterschrieben werden**.

☑ Die Kinder **müssen** ins Bett **gebracht werden**.

☑ Das Auto **wird** nächsten Montag **repariert**.

☑ Bei uns **wird** viel Kaffee **getrunken**.

☑ In der U-Bahn **darf** nicht **geraucht werden**.

☑ Klara **muss** gegen Grippe **geimpft werden**.

☑ Sie **werden** rechtzeitig **informiert**.

Grammatikspiel: Irrealer Bedingungssatz

Ich habe mehr Geld. – Ich kaufe eine Wohnung.	Er hat Zeit. – Er macht mehr Sport.	Mein Fuß ist nicht gebrochen. – Ich tanze mit dir.
Das Wetter ist besser. – Wir bleiben noch ein paar Tage.	Das Hotel ist nicht so teuer. – Wir machen länger Urlaub.	Carla macht immer die Hausaufgaben. – Sie versteht alles besser.
Ich habe reiche Eltern. – Ich muss nicht so viel arbeiten.	Du hilfst mir. – Ich bin schneller fertig.	Du rauchst weniger. – Du bist nicht so oft krank.
Ich habe fünf Kinder. – Ich muss mehr Geld verdienen.	Ich bin der Lehrer. – Ich gebe nicht so viele Hausaufgaben auf.	Ich habe einen Hund. – Ich gehe jeden Tag spazieren.
Wir haben ein Auto. – Wir können dich besuchen.	Die Schuhe sind billiger. – Ich kaufe sie.	Ihr sprecht langsamer. – Ich kann euch besser verstehen.
Ich bin schwanger. – Ich höre sofort mit dem Rauchen auf.	Du arbeitest nicht so viel. – Du kannst besser schlafen.	Du leihst mir 5 Euro. – Ich kann einen Schirm kaufen.

Grammatikspiel: Irrealer Bedingungssatz

⊘ Wenn mein Fuß nicht gebrochen **wäre, würde** ich mit dir **tanzen**.

⊘ Wenn er Zeit **hätte, würde** er mehr Sport **machen**.

⊘ Wenn ich mehr Geld **hätte, würde** ich eine Wohnung **kaufen**.

⊘ Wenn Carla immer die Hausaufgaben **machen würde, würde** sie alles besser **verstehen**.

⊘ Wenn das Hotel nicht so teuer **wäre, würden** wir länger Urlaub **machen**.

⊘ Wenn das Wetter besser **wäre, würden** wir noch ein paar Tage **bleiben**.

⊘ Wenn du weniger **rauchen würdest, wärst** du nicht so oft krank.

⊘ Wenn du mir **helfen würdest, wäre** ich schneller fertig.

⊘ Wenn ich reiche Eltern **hätte, müsste** ich nicht so viel arbeiten.

⊘ Wenn ich einen Hund **hätte, würde** ich jeden Tag **spazieren gehen**.

⊘ Wenn ich der Lehrer **wäre, würde** ich nicht so viele Hausaufgaben **aufgeben**.

⊘ Wenn ich fünf Kinder **hätte, müsste** ich mehr Geld verdienen.

⊘ Wenn ihr langsamer **sprechen würdet, könnte** ich euch besser verstehen.

⊘ Wenn die Schuhe billiger **wären, würde** ich sie **kaufen**.

⊘ Wenn wir ein Auto **hätten, könnten** wir dich besuchen.

⊘ Wenn du mir 5 Euro **leihen würdest, könnte** ich einen Schirm kaufen.

⊘ Wenn du nicht so viel **arbeiten würdest, könntest** du besser schlafen.

⊘ Wenn ich schwanger **wäre, würde** ich sofort mit dem Rauchen **aufhören**.

Grammatikspiel: Infinitiv mit *zu*

Schritte PLUS NEU B1 – Spielesammlung 5

es – schön sein – dich sehen	ich – versuchen – dich morgen anrufen	er – Angst haben – Fehler machen
es – teuer sein – im Zentrum wohnen	es – nicht leicht sein – eine Arbeit finden	es – verboten sein – hier rauchen
er – hoffen – einen guten Job finden	ich – mich freuen – Sie kennenlernen	ich – keine Lust haben – aufräumen
es – möglich sein – mit Karte bezahlen	ich – keine Zeit haben – ins Fitnessstudio gehen	ich – oft vergessen – die Tür abschließen
es – wichtig sein – Fremdsprachen lernen	ich – aufhören wollen – so viele Süßigkeiten essen	es – Spaß machen – mit Menschen arbeiten
wir – am Freitag vorhaben – ins Kino gehen	ich – es interessant finden – fremde Länder kennenlernen	es – manchmal schwer sein – ein Visum bekommen

Grammatikspiel: Infinitiv mit *zu*

Er hat Angst, Fehler zu machen.

Ich versuche, dich morgen anzurufen.

Es ist schön, dich zu sehen.

Es ist verboten, hier zu rauchen.

Es ist nicht leicht, eine Arbeit zu finden.

Es ist teuer, im Zentrum zu wohnen.

Ich habe keine Lust, aufzuräumen.

Ich freue mich, Sie kennenzulernen.

Er hofft, einen guten Job zu finden.

Ich vergesse oft, die Tür abzuschließen.

Ich habe keine Zeit, ins Fitnessstudio zu gehen.

Es ist möglich, mit Karte zu bezahlen.

Es macht Spaß, mit Menschen zu arbeiten.

Ich will aufhören, so viele Süßigkeiten zu essen.

Es ist wichtig, Fremdsprachen zu lernen.

Es ist manchmal schwer, ein Visum zu bekommen.

Ich finde es interessant, fremde Länder kennenzulernen.

Wir haben am Freitag vor, ins Kino zu gehen.

Grammatikspiel: **Finalsätze**

Ich esse viel Obst. – Ich bleibe gesund.	Sie sucht einen neuen Job. – Sie verdient mehr.	Wir lernen viel. – Wir bestehen die Prüfung.
Er kauft ein großes Auto. – Seine Familie hat mehr Platz.	Ich gehe früh ins Bett. – Ich bin morgen fit.	Die Eltern sparen. – Die Kinder können studieren.
Andrea und Pedro fliegen nach Peru. – Pedros Mutter lernt Andrea kennen.	Markus spricht langsam. – Nicolas versteht ihn besser.	Ich esse keine Süßigkeiten. – Ich nehme ab.
Abends sehen wir fern. – Wir entspannen uns.	Marco kocht etwas Leckeres. – Seine Frau freut sich.	Rita kauft ein kleines Auto. – Sie findet leichter einen Parkplatz.
Er hat sein Handy immer an. – Sein Chef kann ihn erreichen.	Ich muss meine Frau anrufen. – Sie holt mich ab.	Familie Bär zieht aufs Land. – Die Kinder haben frische Luft.
Ich mache das Radio an. – Ich höre den Wetterbericht.	Wir machen die Musik leiser. – Charly kann schlafen.	Wir beeilen uns. – Wir verpassen den Bus nicht.

Grammatikspiel: Finalsätze

Wir lernen viel, **um** die Prüfung **zu** bestehen.	Sie sucht einen neuen Job, **um** mehr **zu** verdienen.	Ich esse viel Obst, **um** gesund **zu** bleiben.
Die Eltern sparen, **damit** die Kinder studieren können.	Ich gehe früh ins Bett, **um** morgen fit **zu** sein.	Er kauft ein großes Auto, **damit** seine Familie mehr Platz hat.
Ich esse keine Süßigkeiten, **um** ab**zu**nehmen.	Markus spricht langsam, **damit** Nicolas ihn besser versteht.	Andrea und Pedro fliegen nach Peru, **damit** Pedros Mutter Andrea kennenlernt.
Rita kauft ein kleines Auto, **um** leichter einen Parkplatz **zu** finden.	Marco kocht etwas Leckeres, **damit** seine Frau sich freut.	Abends sehen wir fern, **um** uns **zu** entspannen.
Familie Bär zieht aufs Land, **damit** die Kinder frische Luft haben.	Ich muss meine Frau anrufen, **damit** sie mich abholt.	Er hat sein Handy immer an, **damit** sein Chef ihn erreichen kann.
Wir beeilen uns, **um** den Bus nicht **zu** verpassen.	Wir machen die Musik leiser, **damit** Charly schlafen kann.	Ich mache das Radio an, **um** den Wetterbericht **zu** hören.

Grammatikspiel: Präpositionaladverb oder Präposition + Pronomen

Schritte PLUS NEU B1 — Spielesammlung 7

Kennst du Frau Adams? Ich habe mich so ____ geärgert.	So eine unhöfliche Kellnerin! Ich möchte mich ____ beschweren.	Danke für die E-Mail. Ich habe mich sehr ____ gefreut.
Der Kurs ist sehr gut. Ich bin wirklich zufrieden ____.	Nächste Woche fahren wir nach London. Ich freue mich schon ____.	Wir brauchen noch Getränke. Könntest du dich ____ kümmern?
Leo und Ilse sind wieder zurück. Ich habe jeden Tag ____ gedacht.	Um 21 Uhr ist Sylvia gekommen. Ich habe eine Stunde ____ gewartet.	Das ist ein großes Problem. Lass uns morgen ____ sprechen.
Sofia ist sehr nett. Ich möchte mich gern mal ____ treffen.	Ich brauche kein Auto. ____ kann ich verzichten.	Du warst eine große Hilfe für mich. Wie kann ich dir ____ danken?
Der Unfall war so schlimm, dass ich nachts ____ geträumt habe.	Immer redest du über Politik. Ich interessiere mich einfach nicht ____.	Romeo ist so süß. Ich habe mich ____ verabredet.
Bitte denk ____, dass Sara morgen Geburtstag hat.	Oma ist krank. Kannst du dich ____ kümmern?	Endlich Sommer! Wir haben so lange ____ gewartet.

Grammatikspiel: **Präpositionaladverb oder Präposition + Pronomen**

✓	✓	✓
darüber	über sie	über sie
✓	✓	✓
darum	darauf	damit
✓	✓	✓
darüber	auf sie	an sie
✓	✓	✓
dafür	Darauf	mit ihr
✓	✓	✓
mit ihm	dafür	davon
✓	✓	✓
darauf	um sie	daran

Grammatikspiel: Relativsätze im Nominativ, Akkusativ, Dativ und mit Präposition

Die Dame, _____ ich mich immer gekümmert habe, ist gestorben.	Das Mädchen, _____ ich gelacht habe, heißt Lilli.	Die Leute, _____ wir gefragt haben, hatten keine Ahnung.
Das Fest, _____ er mich eingeladen hat, beginnt um acht.	Der Freund, _____ ich das Geld geliehen habe, war sehr froh.	Die Übung, _____ wir begonnen haben, war ziemlich leicht.
Die Verkäuferin, _____ Sie gesprochen haben, ist neu.	Endlich kommt der Notarzt, _____ er vor 30 Minuten gerufen hat.	Der Bus, _____ ich warte, hatte einen Unfall.
Der Kurs, _____ Sie sich interessieren, ist leider schon voll.	Wo ist der Pulli, _____ ich waschen wollte?	Kennst du die Schülerin, _____ dort hinten steht?
Das ist der Job, _____ ich immer geträumt habe.	Da ist ja die CD, _____ du gesucht hast.	Ist das der Hund, _____ du Angst hast?
Das Buch, _____ ich gedacht habe, heißt Momo.	Die Sendung, _____ ich Lust habe, kommt um 23 Uhr.	Ali hat einen Beruf, _____ ihm gut gefällt.

Grammatikspiel: Relativsätze im Nominativ, Akkusativ, Dativ und mit Präposition

die	über das	um die
mit der/die	dem	zu dem
auf den	den	mit der/über die/von der
die	den	für den
vor dem	die	von dem
der	auf die	an das

Grammatikspiel: Konjunktion: *als ob*

Er hat viel Geld, aber er tut so, _____	Sie ist sehr traurig, aber sie tut so, _____	Sie versteht nichts, aber sie tut so, _____
Der Fußballer ist nicht verletzt, aber er läuft so, _____	Sie macht ihre Hausaufgaben selten, aber sie tut so, _____	Sie arbeiten wenig, aber sie tun so, _____
Er hat viel Zeit, aber er tut so, _____	Meine Nachbarn kennen mich seit drei Jahren, aber sie tun so, _____	Sie sind zu Hause, aber sie tun so, _____
Der Film gefällt ihr nicht, aber sie tut so, _____	Er hat keine Fahrkarte, aber er tut so, _____	Sie glaubt ihm nicht, aber sie tut so, _____
Das Essen schmeckt ihm nicht, aber er isst so viel, _____	Er kann nicht Auto fahren, aber er tut so, _____	Sie ist nicht im Stress, aber sie tut so, _____
Er hat keine Lust, den Liebesfilm zu sehen, aber er tut so, _____	Sie schlafen noch nicht, aber sie tun so, _____	Er versteht kein Englisch, aber er tut so, _____

Grammatikspiel: **Konjunktion:** *als ob*

… als ob sie alles **verstehen würde**.

… als ob sie **glücklich/froh/** nicht traurig **wäre**.

… als ob er kein/ wenig Geld **hätte**.

… als ob sie viel **arbeiten würden**.

… als ob sie ihre Hausaufgaben immer **machen würde**.

… als ob er **verletzt wäre**.

… als ob sie nicht zu Hause **gewesen wären**.

… als ob sie mich nicht **kennen würden**.

… als ob er keine/nicht viel Zeit **hätte**.

… als ob sie ihm **glauben würde**.

… als ob er eine Fahrkarte **hätte**.

… als ob er ihr **gefallen würde**.

… als ob sie im Stress **wäre**.

… als ob er Auto **fahren könnte**.

… als ob das Essen/es ihm **schmecken würde**.

… als ob er Englisch **verstehen würde**.

… als ob sie schon **schlafen würden**.

… als ob er Lust **hätte**, den Liebesfilm zu sehen.

Grammatikspiel: **Partizip Präsens**

ein Vogel, der singt	ein Baby, das weint	Wasser, das kocht
Preise, die steigen	ein Kind, das schläft	eine Bluse, die passt
ein Auto, das fährt	Temperaturen, die steigen	eine Arbeit, die anstrengt
die Woche, die kommt	Fragen, die folgen	ein Junge, der lacht
ein Papagei, der spricht	eine Nachricht, die schockiert	die Sonne, die untergeht
ein Film, der aufregt	ein Besuch, der überrascht	die Worte, die fehlen

Grammatikspiel: **Partizip Präsens**

Schritte PLUS NEU B1
Spielesammlung
10

kochendes Wasser ✓	ein weinendes Baby ✓	ein singender Vogel ✓
eine passende Bluse ✓	ein schlafendes Kind ✓	steigende Preise ✓
eine anstrengende Arbeit ✓	steigende Temperaturen ✓	ein fahrendes Auto ✓
ein lachender Junge ✓	folgende Fragen ✓	die kommende Woche ✓
die untergehende Sonne ✓	eine schockierende Nachricht ✓	ein sprechender Papagei ✓
die fehlenden Worte ✓	ein überraschender Besuch ✓	ein aufregender Film ✓

Grammatikspiel: Futur I

Im Süden gibt es am Abend Gewitter.	Ich komme bestimmt pünktlich.	Dieser Film bekommt einen Oscar.
Du gehst jetzt sofort ins Bett.	Ich esse nie wieder Süßigkeiten.	Ich helfe dir, wenn du es allein nicht schaffst.
Du lässt mich jetzt sofort in Ruhe.	Ich trinke nie wieder so viel Wodka.	Ich mache jeden Tag meine Hausaufgaben.
Ihr heiratet und bekommt drei Kinder.	Ich fahre nie wieder so schnell.	Morgen fange ich an, eine Arbeit zu suchen.
Ich gebe dir das Geld ganz sicher zurück.	Die Arbeitslosigkeit steigt.	Du hörst jetzt sofort damit auf.
Im nächsten Jahr treibe ich regelmäßig Sport.	Es tut mir leid, aber das kommt nie wieder vor.	Im nächsten Jahr esse ich mehr Obst und Gemüse.

Grammatikspiel: Futur I

Dieser Film wird einen Oscar bekommen.	Ich werde bestimmt pünktlich kommen.	Im Süden wird es am Abend Gewitter geben.
Ich werde dir helfen, wenn du es allein nicht schaffst.	Ich werde nie wieder Süßigkeiten essen.	Du wirst jetzt sofort ins Bett gehen.
Ich werde jeden Tag meine Hausaufgaben machen.	Ich werde nie wieder so viel Wodka trinken.	Du wirst mich jetzt sofort in Ruhe lassen.
Morgen werde ich anfangen, eine Arbeit zu suchen.	Ich werde nie wieder so schnell fahren.	Ihr werdet heiraten und drei Kinder bekommen.
Du wirst jetzt sofort damit aufhören.	Die Arbeitslosigkeit wird steigen.	Ich werde dir das Geld ganz sicher zurückgeben.
Im nächsten Jahr werde ich mehr Obst und Gemüse essen.	Es tut mir leid, aber das wird nie wieder vorkommen.	Im nächsten Jahr werde ich regelmäßig Sport treiben.

Grammatikspiel: Konjunktionen: *bis, bevor, nachdem, während, seit(dem)*

_____ sie alle Prüfungen geschrieben hatte, bekam sie ihr Diplom.	_____ ich zur Arbeit gehe, frühstücke ich.	Mit dem Essen warten wir noch, _____ alle Gäste da sind.
_____ er einen Deutschkurs besucht, versteht er die Leute viel besser.	_____ Opa schläft, sollten wir ihn nicht stören.	_____ ich aus dem Haus gehe, kämme ich noch schnell meine Haare.
_____ er operiert wird, muss seine Frau auf dem Gang warten.	Ich suche so lange, _____ ich die Brille finde.	_____ das Baby gegessen hat, macht es einen Mittagsschlaf.
Könntest du auf das Baby aufpassen, _____ ich einkaufen gehe?	_____ Sie unterschreiben, sollten Sie alles genau lesen.	Warte bitte, _____ ich fertig bin, dann kann ich dir helfen.
_____ du den Apfel isst, solltest du ihn waschen.	_____ ich ihm antworte, muss ich mir alles genau überlegen.	_____ ich die schlechte Nachricht gehört hatte, war ich sehr traurig.
_____ Sie nach Algerien reisen, müssen Sie ein Visum beantragen.	_____ ich sie kenne, ist mein Leben viel schöner.	_____ wir eine größere Wohnung haben, streiten wir viel weniger.

Grammatikspiel: **Konjunktionen: *bis, bevor, nachdem, während, seit(dem)***

⊘	⊘	⊘
bis	Bevor	Nachdem
⊘	⊘	⊘
Bevor	Während	Seit(dem)
⊘	⊘	⊘
Nachdem	bis	Während
⊘	⊘	⊘
bis	Bevor	während
⊘	⊘	⊘
Nachdem	Bevor	Bevor
⊘	⊘	⊘
Seit(dem)	Seit(dem)	Bevor

Grammatikspiel: Passiv: Präteritum und Perfekt

das Haus 1960 bauen	die Wohnung frisch renovieren	Tom am Freitag operieren
die BRD 1949 gründen	die Grenze 1989 öffnen	Berlin im Krieg zerstören
nach dem Krieg Deutschland in Zonen teilen	die Kinder zur Schule bringen	die Firma verkaufen
120 Personen zur Hochzeit einladen	die Straßenbahn 1881 erfinden	der Roman in viele Sprachen übersetzen
das Auto stehlen	drei Personen bei dem Unfall verletzen	die Polizei informieren
das Paket schon abholen	der Film in vielen Ländern zeigen	die Präsidentin wiederwählen

Grammatikspiel: **Passiv: Präteritum und Perfekt**

Tom wurde am Freitag operiert. / Tom ist am Freitag operiert worden.	Die Wohnung wurde frisch renoviert. / Die Wohnung ist frisch renoviert worden.	Das Haus wurde 1960 gebaut. / Das Haus ist 1960 gebaut worden.
Berlin wurde im Krieg zerstört. / Berlin ist im Krieg zerstört worden.	Die Grenze wurde 1989 geöffnet. / Die Grenze ist 1989 geöffnet worden.	Die BRD wurde 1949 gegründet. / Die BRD ist 1949 gegründet worden.
Die Firma wurde verkauft. / Die Firma ist verkauft worden.	Die Kinder wurden zur Schule gebracht. / Die Kinder sind zur Schule gebracht worden.	Nach dem Krieg wurde Deutschland in Zonen geteilt. / Nach dem Krieg ist Deutschland in Zonen geteilt worden.
Der Roman wurde in viele Sprachen übersetzt. / Der Roman ist in viele Sprachen übersetzt worden.	Die Straßenbahn wurde 1881 erfunden. / Die Straßenbahn ist 1881 erfunden worden.	120 Personen wurden zur Hochzeit eingeladen. / 120 Personen sind zur Hochzeit eingeladen worden.
Die Polizei wurde informiert. / Die Polizei ist informiert worden.	Drei Personen wurden bei dem Unfall verletzt. / Drei Personen sind bei dem Unfall verletzt worden.	Das Auto wurde gestohlen. / Das Auto ist gestohlen worden.
Die Präsidentin wurde wiedergewählt. / Die Präsidentin ist wiedergewählt worden.	Der Film wurde in vielen Ländern gezeigt. / Der Film ist in vielen Ländern gezeigt worden.	Das Paket wurde schon abgeholt. / Das Paket ist schon abgeholt worden.

Wortschatzspiele **Anleitung**

Schritte PLUS NEU B1
Spielesammlung

Auf den Seiten 51–78 finden Sie **14 verschiedene Vorlagen für Wortschatzspiele**.
Jedes Spiel besteht aus einer zweiseitigen Kopiervorlage. Auf der Vorderseite stehen Wörter, auf der Rückseite mit Häkchen ⓥ stehen Worterklärungen in Form von Synonymen, Antonymen, Bildern, Beispielsätzen oder Umschreibungen.

Wortschatzkarte

Vorderseite:  Rückseite:
Wort Erklärung/Bild

Zu jeder Vorlage gibt es **14 verschiedene Einsatzmöglichkeiten**, z. B. als Kartenspiel, als Klassenspaziergang, als Wettbewerb oder als Brettspiel.

Die Wörter zu den Wortschatzspielen entsprechen dem Lernwortschatz von *Schritte plus Neu 5 und 6*.

Möglichkeit 1: Erklärung → Wort

VORBEREITUNG

Kopieren Sie für jede Gruppe ein Wortschatzspiel zweiseitig auf stärkeres Papier. Auf der Vorderseite stehen 15 Wörter, auf der Rückseite die passenden Erklärungen oder Bilder.
Beachten Sie bitte auch die Kopierhinweise auf Seite 2.
Zerschneiden Sie nun jede Kopie in 15 Wortkärtchen oder bringen Sie genug Scheren mit, damit die TN die Karten selbst ausschneiden können.
Kopieren Sie außerdem für jede Gruppe das Spielbrett 1 auf Seite 6.

1 Die TN bilden Dreiergruppen. Jede Gruppe erhält ein Spielbrett 1 sowie 15 Wortschatzkarten. Die Kärtchen liegen mit der Rückseite, also mit der Worterklärung oder dem Bild, nach oben in einem Stapel auf dem Tisch.

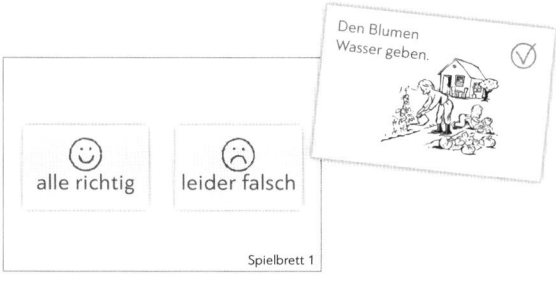

2 TN 1 liest die Worterklärung der oben aufliegenden Karte vor bzw. betrachtet das Bild und nennt das gesuchte Wort. Bei Nomen sollte auch der Artikel genannt werden. Wenn die/der TN keine Antwort weiß, bekommt TN 2 die Möglichkeit, das gesuchte Wort zu sagen. Ist die Gruppe mit der Lösung einverstanden, wird die Wortschatzkarte umgedreht, um die Antwort mit der Lösung zu überprüfen.

3 War die Lösung richtig, kommt die Karte auf das Feld „alle richtig", andernfalls wird sie auf das Feld „leider falsch" gelegt.

4 Nun ist TN 2 mit der nächsten Karte an der Reihe.
5 In einem zweiten Durchlauf werden die Karten von dem Feld „leider falsch" erneut bearbeitet. Das Spiel endet, wenn alle Wortkarten auf dem Feld „alle richtig" liegen.

Wortschatzspiele **Anleitung**

Schritte PLUS NEU B1
Spielesammlung

Möglichkeit 2: Wort → Erklärung

VORBEREITUNG

Kopieren Sie für jede Gruppe ein Wortschatzspiel zweiseitig auf stärkeres Papier. Auf der Vorderseite stehen 15 Wörter, auf der Rückseite die passenden Erklärungen oder Bilder.
Beachten Sie bitte auch die Kopierhinweise auf Seite 2.
Zerschneiden Sie nun jede Kopie in 15 Wortkärtchen oder bringen Sie genug Scheren mit, damit die TN die Karten selbst ausschneiden können.

1 Die TN bilden Dreiergruppen. Jede Gruppe erhält ein Set mit 15 Wortschatzkarten.
Die TN legen die Kärtchen mit der Vorderseite – also mit dem Wort – nach oben in einem Stapel auf den Tisch.

[kochen]

TN 1 erklärt das erste Wort (z. B. durch Umschreibung, Synonym, Antonym, Beispielsatz, Malen, Pantomime). Wenn sie/er das Wort nicht kennt, kann eine andere/ein anderer TN helfen. Anschließend wird die Erklärung mithilfe der Kartenrückseite überprüft. Diese dient nur zur Orientierung und ist nicht als einzige richtige Lösung zu verstehen.
Wenn die/der TN das zu beschreibende Wort nicht kannte, kommt das Kärtchen wieder unter den Stapel. War die Erklärung passend, wird das Kärtchen zur Seite gelegt.
2 Nun ist TN 2 mit der nächsten Karte dran.
3 Das Spiel endet, wenn alle Wörter richtig erklärt wurden.

Variante: Die Karten werden auf dem Tisch ausgebreitet. So können die TN sich „ihre" zu erklärenden Wörter auswählen.

Möglichkeit 3: Klassenspaziergang – Erklärung → Wort oder Wort → Erklärung

VORBEREITUNG

Kopieren Sie ein Wortschatzspiel einmal zweiseitig auf stärkeres Papier. Auf der Vorderseite stehen 15 Wörter, auf der Rückseite die passenden Erklärungen oder Bilder.
Beachten Sie bitte auch die Kopierhinweise auf Seite 2.
Wenn Sie mehr als 15 TN haben, brauchen Sie eine zweite Kopie.

1 Jede/r TN erhält ein zweiseitiges Kärtchen, sieht es an und hält es nun verdeckt in der Hand.

Vorderseite   Rückseite

[gießen]

2 Die TN gehen im Kursraum umher und suchen sich eine Gesprächspartnerin/einen Gesprächspartner. Nun hat jede/r verschiedene Möglichkeiten:
 a Mit eigenen Worten erklären: „Meine Blume hat Durst. Was muss ich machen?"
 b Die Erklärung auf der Rückseite vorlesen: „Den Blumen Wasser geben – Wie heißt das auf Deutsch?"
  (Die Vorderseite bleibt verdeckt!)
 c Das Bild auf der Rückseite zeigen
  (Die Vorderseite bleibt geheim!)
 d Pantomimisch erklären
 e Ein Synonym oder Antonym nennen: „Blumen wässern"
3 Die Partnerin / Der Partner nennt das gesuchte Wort und verfährt mit ihrer/seiner Karte ebenso. Wenn sie/er die Lösung nicht weiß, wird sie verraten. Selbstverständlich kann man auch umgekehrt vorgehen, indem man das Wort nennt und den Gesprächspartner um eine Erklärung bittet: „Weißt du, was ‚gießen' bedeutet?"
4 Die Karten werden getauscht und jeder sucht sich eine neue Person.
5 Beenden Sie das Spiel nach eigenem Ermessen.

Wortschatzspiele Anleitung

Schritte PLUS NEU B1
Spielesammlung

Möglichkeit 4: Wettbewerb: Erklärung → Wort

VORBEREITUNG: Projizieren Sie die Rückseite eines Wortschatzspiels (z. B mit dem Tageslichtprojektor).

1. Teilen Sie den Kurs in mehrere Gruppen und zeigen Sie mithilfe des Projektors eine Worterklärung. Die übrigen Worterklärungen sind noch abgedeckt.
2. Die Gruppe, die sich zuerst meldet und das gesuchte Wort nennt, bekommt einen Punkt. Verfahren Sie ebenso mit den weiteren Worterklärungen.

Variante: Das Spiel läuft ruhiger ab, wenn Sie den Kurs in zwei bis drei Gruppen teilen. Gruppe A löst die erste Aufgabe, Gruppe B die zweite Aufgabe usw.

Möglichkeit 5: Wort → eigene Erklärung → Wort

VORBEREITUNG: Kopieren Sie die Vorderseite eines Wortschatzspiels nur einmal und schneiden Sie die Karten aus. Wenn Sie mehr als 15 TN haben, teilen sich zwei TN ein Kärtchen oder Sie fügen selbst erstellte Karten oder Karten aus einer anderen Lektion hinzu. Als Hilfe können die TN den Lernwortschatz von *Schritte plus Neu* vor sich haben.

1. Jede/r TN erhält eine Karte mit einem Wort. Sie/Er liest das Wort stumm, achtet aber darauf, dass die anderen ihre/seine Karten nicht sehen.
2. Nach einer kurzen Vorbereitungszeit beginnt das Spiel und TN 1 versucht, sein Wort zu erklären, ohne das Wort selbst zu nennen (z. B. durch Umschreibung, Synonym, Antonym, Beispielsatz, Pantomime). Die anderen TN versuchen, das Wort zu erraten. Als Hilfe können die TN den Lernwortschatz oder ihr Vokabelheft vor sich haben.
3. Die/Der TN, die/der das Wort erraten hat, ist als Nächstes an der Reihe oder bestimmt den nächsten Spieler, wenn sie/er schon an der Reihe war.

Variante: Dieses Spiel eignet sich auch für Kleingruppen. Die Kleingruppen können für sich spielen oder in einem Wettbewerb gegeneinander antreten.

Möglichkeit 6: Heißer Stuhl

VORBEREITUNG: Kopieren Sie die Vorderseite eines Wortschatzspiels einmal stark vergrößert. Schneiden Sie die Karten aus. Sie erhalten nun 15 vergrößerte Karten mit Wörtern.

1. Bilden Sie zwei Teams, die gegeneinander spielen.
2. Jedes Team wählt einen Kandidaten aus, der sich mit dem Rücken zur Tafel auf den „heißen Stuhl" setzt. Sein Team steht ihm gegenüber mit Blick auf die Tafel.
3. Hängen Sie eine Wortkarte an die Tafel. Die beiden Personen auf den heißen Stühlen dürfen das Wort nicht sehen.
4. Nun muss jede Gruppe ihrem eigenen Kandidaten das gesuchte Wort erklären, ohne es zu nennen. Das Team, dessen Kandidat als Erstes das Wort errät, bekommt einen Punkt.
5. Dann nehmen zwei andere TN den Platz auf den heißen Stühlen ein. Es geht weiter mit Schritt 3 und 4.
6. Das Spiel endet, wenn alle Wörter erklärt wurden. Gewonnen hat das Team mit den meisten Punkten.

Möglichkeit 7: Memo-Spiel

VORBEREITUNG: Kopieren Sie für jede Gruppe die Vorderseite eines Wortschatzspiels auf ein stärkeres Papier und die Rückseite auf ein anderes stärkeres Papier. Schneiden Sie die Karten aus bzw. bringen Sie genügend Scheren mit, damit die TN die Karten selbst ausschneiden können. Sie erhalten nun 15 Karten mit Wörtern und 15 Karten mit Erklärungen.

1. Bilden Sie Gruppen von vier oder fünf Personen. Jede Gruppe erhält 30 Karten.

Teil 1: Sicherung des Wortschatzes

2. Die TN legen alle 30 Karten mit der beschrifteten Seite nach oben vor sich auf den Tisch und bilden Paare aus dem Wort und der passenden Erklärung.
3. Kontrollieren Sie das Ergebnis im Plenum. So werden die TN mit den Karten vertraut.

Teil 2: Memo-Spiel

4. Damit das Spiel nicht zu lange dauert, verwenden die TN nun nur die Hälfte der Kartenpaare.

Wortschatzspiele Anleitung

Schritte PLUS NEU B1
Spielesammlung

Die Gruppe wählt also etwa sieben oder acht besonders schwierige Kartenpaare aus. Die restlichen Karten werden zur Seite gelegt. Die TN mischen die Karten und legen sie verdeckt auf den Tisch.

5 TN 1 deckt zwei Karten auf, lässt die Karten aber auf ihrem Platz liegen und liest sie laut vor. Hat die/der TN ein Wort und die dazu passende Erklärung aufgedeckt, darf sie/er das Kartenpaar behalten und zwei weitere Karten aufdecken. Wenn die Karten nicht zusammenpassen, werden sie wieder verdeckt an die gleiche Stelle zurückgelegt. Alle TN müssen versuchen, sich den Platz der Karten zu merken.

6 TN 2 ist an der Reihe.
7 Das Spiel endet, wenn alle Kartenpaare gefunden wurden.
8 Wer die meisten Kartenpaare hat, hat gewonnen.
9 In einer zweiten Runde kann das Spiel mit den vorher aussortierten Kartenpaaren gespielt werden.

Möglichkeit 8: Schnapp das Wort!

VORBEREITUNG: Besorgen Sie ggf. Fliegenklatschen. Kopieren Sie für jede Gruppe die Vorderseite eines Wortschatzspiels auf ein stärkeres Papier und die Rückseite auf ein anderes stärkeres Papier. Schneiden Sie die Karten aus bzw. bringen Sie genügend Scheren mit, damit die TN die Karten selbst ausschneiden können. Sie erhalten nun 15 Karten mit Wörtern und 15 Karten mit Erklärungen.

1 Bilden Sie Gruppen zu 3 – 4 Personen. Jede Gruppe bekommt ein Set mit 15 Wortkarten und 15 Erklärungskarten.

Teil 1: Sicherung des Wortschatzes
siehe Punkt 2+3 von Möglichkeit 7

Teil 2: Schnapp das Wort!
2 Die Gruppe breitet alle 15 Wortkarten mit der Schrift nach oben vor sich auf dem Tisch aus. Sie sollten für alle TN gut lesbar und erreichbar sein.

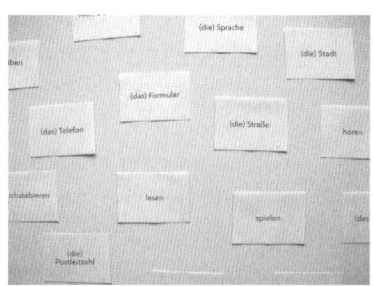

3 Die 15 Karten mit den Erklärungen werden verdeckt auf einen Stapel gelegt. Die oberste Erklärungskarte wird für alle sichtbar aufgedeckt.

4 Alle TN müssen versuchen, sich so schnell wie möglich die passende Wortkarte zu schnappen oder mit einer Fliegenklatsche auf die Karte zu schlagen. Passen Wort und Erklärung zusammen, bekommt die/der TN das Kartenpaar. Wenn nicht, wird die Erklärungskarte wieder unter den Ausgangsstapel gelegt und auch die Wortkarte wird zurückgelegt. Bei Zweifeln wird die Lehrkraft konsultiert.
5 Die nächste Erklärungskarte wird aufgedeckt.
6 Das Spiel endet, wenn alle Kartenpaare gefunden wurden.
7 Wer die meisten Kartenpaare hat, hat gewonnen.

Anmerkung: Versuchen Sie, möglichst homogene Gruppen zusammenzustellen. Lernungewohnte TN können nur mit einem Teil der Karten spielen.

Variante: Das Spiel verläuft ruhiger, wenn TN 1 die oberste Erklärungskarte aufdeckt und die passende Wortkarte sucht. Die anderen TN beobachten nur bzw. helfen auf Anfrage von TN 1. Dann ist TN 2 mit der nächsten Erklärungskarte an der Reihe usw.

Wortschatzspiele Anleitung

Schritte PLUS NEU B1
Spielesammlung

Möglichkeit 9: Test

VORBEREITUNG
Kopieren Sie die Rückseite eines Wortschatzspiels einmal. Nummerieren Sie alle 15 Erklärungen durch und kopieren Sie diese Vorlage für jede/n TN einmal.

1. Jede/r TN erhält eine Kopie der Worterklärungen.
2. Nun trägt sie/er im Heft oder auf einem Blatt Papier zu jeder Nummer das gesuchte Wort ein.

Möglichkeit 10: Test oder schriftliche Übung

VORBEREITUNG
Kopieren Sie die Vorderseite eines Wortschatzspiels einmal möglichst etwas verkleinert. Wählen Sie ca. zehn Wörter aus und kleben Sie diese untereinander auf die linke Seite eines größeren Papiers (DIN-A3). Nummerieren Sie die Wörter von 1–10.
Kopieren Sie nun die Rückseite des Wortschatzspiels einmal in der gleichen Größe. Schneiden Sie die zehn Erklärungen aus und kleben Sie diese in ungeordneter Reihenfolge auf die rechte Seite des DIN-A3-Papiers. Bezeichnen Sie die Erklärungen mit den Buchstaben A bis J.
Kopieren Sie diese selbst erstellte Vorlage für jede/n TN einmal.

Jede/r TN erhält eine Kopie und ordnet die Wörter den passenden Erklärungen zu: z. B. 1D, 2B usw.

Variante: Die TN bearbeiten das Arbeitsblatt zu zweit.

Möglichkeit 11: Sätze bilden

VORBEREITUNG
Kopieren Sie die Vorderseite eines Wortschatzspiels für jeweils zwei TN auf ein Papier. Wenn Sie möchten, können Sie die Karten ausschneiden. Wenn Sie für eine andere Spielmöglichkeit bereits Kärtchen erstellt haben, können Sie diese natürlich auch verwenden.

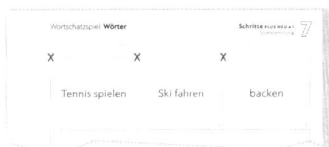

1. Die TN arbeiten zu zweit. Vor ihnen liegt die Vorderseite des Wortschatzspiels als Kopie oder als Kärtchen. Geben Sie einen zeitlichen Rahmen von ca. zehn Minuten vor.
2. Die TN schreiben Sätze, in denen mindestens zwei der vorliegenden Wörter vorkommen, in ihr Heft, auf ein Blatt oder auf ein Plakat.
3. Anschließend präsentiert jedes Team einen Satz im Plenum (z. B. durch Vorlesen, Tafelanschrieb oder Aufhängen eines Plakats). Sie können Fehler bereits während Schritt 2, vor der Präsentation im Plenum oder gemeinsam mit der ganzen Klasse während der Präsentation korrigieren.

Variante: Sie können dieses Spiel als Wettbewerb durchführen. Wer innerhalb der vorgegebenen Zeit die meisten Wörter in korrekte Sätze einbaut, hat gewonnen.

Möglichkeit 12: Brettspiel

VORBEREITUNG
Kopieren Sie für jede Gruppe die Rückseite eines Wortschatzspiels, am besten auf DIN-A3 vergrößert als Spielbrett. Schreiben Sie auf das Spielbrett oben links „Start" und unten rechts „Ziel", nummerieren Sie die Felder und geben Sie Richtungspfeile und Trennlinien vor, damit die TN wissen, wie sie sich auf dem Spielbrett bewegen müssen.
Darüber hinaus brauchen Sie für jede/n TN einen Spielstein und für jede Kleingruppe einen Würfel.
Variante: Stellen Sie die Vorderseite des Wortschatzspiels als Lösungsschlüssel zur Verfügung. Dabei ist jedoch zu beachten, dass die Spalten dann spiegelverkehrt sind. Daher sollten Sie vor dem Kopieren Spalte 1 und 3 vertauschen oder die einzelnen Felder nummerieren.

Wortschatzspiele **Anleitung**

1. Es werden Gruppen zu je 3 – 4 TN gebildet. Jede/r TN erhält einen Spielstein. Jede Gruppe bekommt einen Würfel und ein Spielbrett.
2. TN 1 würfelt, zieht und nennt das gesuchte Wort. Weiß sie/er das Wort nicht, muss sie/er zwei Felder zurück. Die anderen TN können das Wort nennen oder ihr Vokabelheft, das Lösungsblatt oder die Lehrkraft konsultieren.
3. Dann ist TN 2 an der Reihe.
4. Wenn die Gruppe sehr schnell fertig ist, kann sie weitere Durchläufe machen.

Variante: Wenn Sie die Rückseite der Kopiervorlage als Lösung verwenden möchten, sollten Sie eine/n TN der Gruppe bestimmen, die/der nicht direkt mitspielt, sondern die Antworten mithilfe des Lösungsblatts überprüft. Dann ist es sinnvoll, mehrere Runden zu planen, sodass jede/r einmal „Kontrolleur" ist. Zur Binnendifferenzierung bietet es sich an, die/den schwächste/n TN in der ersten Runde als Kontrolleur einzusetzen.

Möglichkeit 13: Lernstationen
(siehe Anleitung zu den Grammatikspielen S. 11)

Möglichkeit 14: Lernkartei
(siehe Anleitung zu den Grammatikspielen S. 12)

Einsatz im Unterricht
Die Wortschatzspiele eignen sich besonders
- zur Wiederholung und zum Abfragen des Wortschatzes am Ende einer Lektion oder vor Prüfungen: Besonders TN, denen es schwerfällt, zu Hause selbstständig Vokabeln zu lernen, bekommen so während des Unterrichts die Möglichkeit, Wortschatz zu wiederholen, zu festigen und anzuwenden.
- zur Binnendifferenzierung: Durch die Arbeit in Kleingruppen ist es leichter, auf die unterschiedlichen Kenntnisse und Bedürfnisse der TN einzugehen. Einerseits erhalten ungeübte TN zusätzliche Übungsmöglichkeiten, andererseits werden schnellere TN sinnvoll beschäftigt, wenn diese mit einer Aufgabe schon fertig sind.
- zur Aktivierung der TN: Bei diesen Übungsformen sind alle TN gefordert, sich aktiv zu beteiligen. Durch den spielerischen Charakter werden auch zurückhaltende TN dazu angeregt, sich zu äußern.
- zur Vermittlung und Anwendung von Lerntechniken: Manchen TN fällt es schwer, sich neuen Wortschatz einzuprägen. Durch den regelmäßigen Einsatz der Wortschatzspiele machen Sie die TN mit verschiedenen Lernmethoden vertraut.
- zur Erweiterung der Ausdrucksfähigkeit: Die TN lernen, Wörter auf Deutsch zu erklären oder zu umschreiben, und erweitern so ihre Ausdrucksfähigkeit. Wenn sie ein Wort vergessen haben, fällt ihnen häufig zumindest die Erklärung ein. Darüber hinaus werden sie immer sicherer darin, ohne ihre Muttersprache zu kommunizieren.

Wortschatzspiel: **Wörter**

Schritte PLUS NEU B1
Spielesammlung 1

witzig	ab˙sagen (hat abgesagt)	betrunken
mutig	weg sein (ist gewesen)	das Tor, -e
beißen (hat gebissen)	fest˙nehmen, (hat festgenommen)	der Vorhang, ¨-e
die Anzeige, -n	der Schaden, ¨	verwechseln (hat verwechselt)
aus˙reichen (hat ausgereicht)	das Standesamt, ¨-er	der Motorroller, -

Wortschatzspiel: Erklärungen

Wenn man zu viel Alkohol getrunken hat, ist man b_____.

Sie hat heute keine Zeit. Wir müssen den Termin leider a_____.

lustig
Als Kind bin ich einmal ins Wasser gefallen. Da haben alle gelacht. Ich fand das nicht w_____.

T_____ für den FC Neustadt! Jetzt steht es 4:0.

nicht da sein
Mein Geld i_____ w_____. Ich habe es verloren.

Lara hat keine Angst. Sie ist m_____.

Der Polizist hat den Einbrecher gefunden und n_____ ihn f_____.

Der Hund _____ der Frau gerade ins Bein.

vertauschen
Sidney und Sydney kann man leicht v_____.

Kosten für eine kaputte Sache
Sie hatte einen Unfall. Der S_____ war 400 Euro hoch. Zum Glück bezahlte die Versicherung.

SUPERMARKT SUCHT AB SOFORT
Kassierer/-innen in Teilzeit.
Tel. 0178/1234567
Herr Macarro

Das Amt, wo man heiratet, heißt S_____.

genug sein, nicht zu wenig sein
Zwei Pizzas r_____ nicht für fünf Personen a_____.

Wortschatzspiel: **Wörter**

Schritte PLUS NEU B1
Spielesammlung 2

erfolgreich	kritisieren (hat kritisiert)	der Verlierer, -
verlassen (hat verlassen)	knapp	die Band, -s
dauernd	die Serie, -n	gelingen (ist gelungen)
die Vergangenheit (Sg.)	erfinden (hat erfunden)	die Operation, -en
der Rat (Sg.)	völlig	begegnen (ist begegnet)

Wortschatzspiel: Erklärungen

Schritte PLUS NEU B1 — Spielesammlung 2

↔ Gewinner
In jedem Spiel gibt es Gewinner und V_____.

sagen, dass andere etwas nicht gut machen
Meine Frau _____ mich den ganzen Tag. Sie sagt, ich mache alles falsch.

Dieser Buchtitel ist sehr e_____. Wir haben im letzten Jahr eine Million Stück verkauft.

die Musikgruppe

fast
Der Film dauert 55 Minuten, also k_____ eine Stunde.

alleine lassen
Nach dem Streit hat sie ihren Freund v_____.

etwas ist gut geworden
Dieser Kuchen ist mir wirklich gut g_____.

eine Fernsehsendung mit vielen Episoden
Meine Lieblings_____ kommt jeden Dienstag um sechs.

immer
Warum sitzt du d_____ am Computer?

Hast du Angst vor der O_____ im Krankenhaus?

Thomas Edison hat die Glühbirne _____.

morgen: die Zukunft
gestern: die V_____

zufällig treffen
Ich bin meinem Chef im Supermarkt b_____!

ganz, total
Diese Idee hatte noch niemand. Sie ist v_____ neu.

der Tipp
Ich habe ein Problem. Kannst du mir einen R_____ geben?

Wortschatzspiel: **Wörter**

Schritte PLUS NEU B1
Spielesammlung 3

das Schmerzmittel,-	das Gewicht (Sg.)	messen, (hat gemessen)
die Spritze, -n	untersuchen (hat untersucht)	der Magen, ¨
impfen (hat geimpft)	vereinbaren (hat vereinbart)	achten (hat geachtet)
der Verband, ¨e	ab│nehmen, (hat abgenommen)	stressig
(sich) krank│melden (hat sich krankgemeldet)	auf│wachen (ist aufgewacht)	ausreichend

Wortschatzspiel: Erklärungen

Mit dem Thermometer kann man die Temperatur m_____.

z. B. Kilogramm, Gramm
Er prüft sein G_____.

ein Medikament gegen Schmerzen

Das Essen ist zuerst in meinem Mund, dann geht es in meinen M_____.

Die Ärztin kontrolliert mein Herz, meinen Magen …, also: Sie u_____ mich.

aufpassen
A_____ auf die Autos, wenn du über die Straße gehst.

einen Termin machen
Können wir zu diesem Thema nächste Woche einen Termin v_____?

Man kann sich gegen Grippe, Tetanus oder Polio i_____ lassen. Das ist ein Schutz gegen diese Krankheiten.

anstrengend, mit viel Stress
Meine Arbeit ist manchmal s_____.

Er wiegt 120 Kilo, das ist zu viel. Er muss a_____.

genug
Bei einer Erkältung muss man a_____ trinken.

den Schlaf beenden
Ich w_____ immer früh a_____.

Wenn man krank ist und nicht arbeiten kann, muss man sich in der Firma k_____.

Wortschatzspiel: **Wörter**   Schritte PLUS NEU B1
Spielesammlung 4

lügen (hat gelogen)	aus|suchen (hat ausgesucht)	die Muttersprache, -n
übersetzen (hat übersetzt)	deswegen	korrekt
deutlich	die Aussprache (Sg.)	die Wahrheit, -en
die Schrift, -en	vor|haben (hat vorgehabt)	merkwürdig
auf|schreiben (hat aufgeschrieben)	beenden (hat beendet)	lächeln (hat gelächelt)

Wortschatzspiel: Erklärungen

Schritte PLUS NEU B1 Spielesammlung 4

Mit meinen Eltern spreche ich Italienisch. Italienisch ist meine M_____.

aus/wählen
Im Kühlschrank sind Wasser, Limonade und Säfte. S_____ dir was a_____.

nicht die Wahrheit sagen
Sie haben gesagt, Sie sind ledig, obwohl Sie verheiratet sind. Sie haben ge_____!

richtig, ohne Fehler
Ich glaube, der Satz ist k_____. Ich finde keinen Fehler.

deshalb, daher, darum

Das Buch ist auf Englisch geschrieben. Man hat es aber ins Deutsche ü_____.

Sagst du die W_____ oder lügst du?

Wir schreiben „Sport", aber die A_____ ist „Schport".

klar
Wenn Sie d_____ sprechen, kann ich Sie besser verstehen.

komisch, seltsam

etwas machen wollen
Kino, Sport oder nichts tun? Was h_____ du am Wochenende v_____?

Auf Chinesisch oder Arabisch schreiben die Leute anders als auf Deutsch. Es gibt eine andere S_____.

ein bisschen lachen
Sie sagte zu ihrer Tochter: „Du siehst hübsch aus." Da l_____ sie.

↔ beginnen
Wir möchten den Deutschkurs mit einer schönen Abschlussfeier b_____.

notieren
Ich habe die Adresse a_____, damit ich sie nicht vergesse.

Wortschatzspiel: **Wörter**

Schritte PLUS NEU B1
Spielesammlung 5

die Unterlagen (Pl.)	schriftlich	(sich) beruhigen (hat sich beruhigt)
der Lebenslauf, ¨-e	etwa	überlegen (hat überlegt)
her|stellen (hat hergestellt)	die Unterstützung, -en	der Maler, - / die Malerin, -nen
gewohnt sein	jobben (hat gejobbt)	außerhalb
der Vorteil, -e	der Spiegel, -	auf|hören (hat aufgehört)

Wortschatzspiel: Erklärungen

ruhig werden
Musik b_____ mich, da kann ich mich gut entspannen.

mündlich: sprechen
s_____: schreiben

Dokumente, wichtige Papiere
Diese Stelle interessiert mich. Ich schicke gleich meine Bewerbungsu_____ los.

Sie ü_____ gerade, ob man das Wort mit „ss" oder „ß" schreibt.

circa, ungefähr, nicht genau
In Salzburg wohnen e_____ 150.000 Menschen.

Beschreibung schulischer / beruflicher Stationen im Leben (= Curriculum Vitae)
Zu einer Bewerbung gehört auch der L_____.

die Hilfe
Meine Oma kann nicht mehr alles alleine machen, sie braucht U_____ bei der Hausarbeit.

machen, produzieren
Diese Firma s_____ Schuhe h_____.

↔ innerhalb

nebenbei arbeiten
Alex j_____ neben der Schule als Verkäufer.

es ist normal für jemanden
Ich bin es g_____, um 5 Uhr aufzustehen, auch am Wochenende.

zu Ende sein
Dieser Kurs h_____ abends um 20 Uhr a_____.

etwas, was gut ist; der Pluspunkt
Wir wohnen in der Großstadt. Ein V_____ ist, dass es dort viele U-Bahnen gibt.

Wortschatzspiel: **Wörter** — Schritte PLUS NEU B1 Spielesammlung 6

höchstens	begrüßen (hat begrüßt)	die Jahreszeit, -en
bestätigen (hat bestätigt)	(sich) entschließen (hat entschlossen)	bereits
pflegen (hat gepflegt)	die Klimaanlage, -n	die Zahncreme, -s
das Experiment, -e	die Bedienungs- anleitung, -en	ausschließlich
(sich) verabschieden (hat verabschiedet)	jedoch	besitzen (hat besessen)

Wortschatzspiel: Erklärungen

Die vier J_____ heißen Frühling, Sommer, Herbst und Winter.

„Guten Tag!" oder „Hallo!" sagen

maximal
Im Winter wird es bei uns h_____ 15 Grad warm.

schon
Sie wollten das Bett doch in zwei Wochen liefern, aber ich warte jetzt b_____ drei Monate darauf.

Ich habe mich e_____, in Jena zu studieren und nicht in Berlin.

Wenn ich mit Karte bezahle, gebe ich die PIN ein und drücke die Taste „b_____".

Zum Zähneputzen braucht man eine Zahnbürste und Z_____.

Ich brauche keine K_____ im Auto. Ich mache das Fenster auf, damit es kälter wird.

Eine Altenpflegerin p_____ alte, kranke Menschen.

nur
In diesem Kurs sprechen wir a_____ Deutsch.

Wie funktioniert denn diese Kamera? Schau doch mal in die B_____.

der Versuch

Unserer Familie gehören zwei Häuser.
= Unsere Familie b_____ zwei Häuser.

aber

„Auf Wiedersehen!" oder „Tschüs" sagen

Wortschatzspiel: **Wörter**

Schritte PLUS NEU B1
Spielesammlung 7

der Lärm (Sg.)	wütend	das Gebäude, -
die Mauer, -n	schreien (hat geschrien)	die Genehmigung, -en
der Rand, ̈er	der Lift, -e	fehlen (hat gefehlt)
tatsächlich	die Regierung, -en	brennen (hat gebrannt)
miteinander	entdecken (hat entdeckt)	zentral

Wortschatzspiel: Erklärungen

Ein Haus, ein Turm, eine Kirche ..., das alles sind G_____.

Felix hat sich sehr geärgert. Er ist w_____.

Unsere Nachbarn sind sehr laut. = Sie machen viel L_____.

die Erlaubnis (Sg.)

etwas sehr laut „sagen"
Ich habe mich in den Finger geschnitten. Da habe ich laut g_____.

Was wird hier gebaut? Eine Wand oder eine M_____?

Ich vermisse das Essen aus meiner Heimat. = Das Essen aus meiner Heimat f_____ mir.

der Aufzug

nicht im Zentrum
Wir wohnen am Stadtr_____ direkt am Neustädter Wald.

Das Feuer b_____ schon schön.

Der Regierungschef und seine Minister sind die R_____.

wirklich
Ich habe t_____ im Lotto gewonnen.

in der Mitte der Stadt
Die Wohnung liegt z_____, direkt neben dem Rathaus.

Man sagt, Kolumbus e_____ Amerika.

zusammen
Die Kinder haben m_____ Fußball gespielt.

Wortschatzspiel: **Wörter**

Schritte PLUS NEU B1
Spielesammlung 8

duzen (hat geduzt)	warnen vor (hat gewarnt)	das Klima (Sg.)
zu|sagen (hat zugesagt)	der Elternabend, -e	treu
die Freundschaft, -en	falls	beeinflussen (hat beeinflusst)
tauschen (hat getauscht)	nachher	monatelang
der Sportler, - / die Sportlerin, -nen	morgig	eventuell

Wortschatzspiel: Erklärungen

die Stimmung
In unserer Firma ist das Arbeits_____ gut. Die meisten arbeiten gern hier.

Ich w_____ dich! Pass auf, dieser Hund beisst schnell.

↔ siezen
Wie ist das in deiner Firma? D_____ sich alle Kolleginnen und Kollegen?

Man sagt, Hunde sind t_____. Sie bleiben immer bei ihrem Besitzer.

An einem E_____ kommen die Eltern in die Schule und sprechen mit den Lehrern ihrer Kinder.

eine positive Antwort geben, nicht ablehnen
Ich bekomme den Job! Die Firma hat gestern z_____.

einen Einfluss oder eine Wirkung haben
Schlechte Freunde können einen Menschen negativ b_____.

wenn

Die Beziehung zwischen Freunden. Unsere F_____ besteht schon seit 20 Jahren.

etwas dauert mehrere Monate
Ich habe m_____ eine Wohnung gesucht.

danach, später
Jetzt müssen wir arbeiten, aber n_____ gehen wir noch in ein Café.

Ich gebe dir mein Buch und du gibst mir deins.
= Wir t_____ unsere Bücher.

vielleicht

morgen
Die Prüfung ist morgen um acht.
= Die m_____e Prüfung ist um acht.

An den Olympischen Spielen haben über 3000 S_____ teilgenommen.

Wortschatzspiel: **Wörter**

Schritte PLUS NEU B1
Spielesammlung 9

der Monitor, -e	wieso	der Standpunkt, -e
verändern (hat verändert)	Verzeihung	diskutieren (hat diskutiert)
die Tastatur, -en	der Akku, -s	der Knopf, ¨-e
auf˙regen (hat aufgeregt)	löschen (hat gelöscht)	der Rechner, -
das Mountainbike, -s	nachdem	beschließen (hat beschlossen)

Wortschatzspiel: Erklärungen

eine bestimmte Meinung
In einer Diskussion kann jeder seinen S_____ zum Thema sagen.

warum
W_____ kommst du heute so spät?

der Bildschirm
Notebooks haben einen M_____.

über ein Problem sprechen
Sie haben stundenlang über dieses Thema d_____!

Entschuldigung
V_____!
Das war mein Fehler.

Die Smartphones haben unser Leben v_____.

Sie müssen den K_____ in der Mitte drücken.

Smartphones haben keine Batterie. Sie haben einen A_____.

der Computer

entfernen
Ich habe keinen Platz mehr auf meinem Smartphone. Ich muss ein paar alte Bilder l_____.

ärgern
Unsere Nachbarn r_____ mich a_____: Sie hören jeden Abend laute Musik!

(sich) entscheiden
Theo b_____, ein neues Auto zu kaufen.

↔ bevor
Man sollte die Zähne putzen, n_____ man etwas gegessen hat.

Wortschatzspiel: **Wörter**

Schritte PLUS NEU B1
Spielesammlung
10

gratis	der Sieger, -	die Lieferung, -en
reinigen (hat gereinigt)	wachsen (ist gewachsen)	der Dieb, -e
das Zelt, -e	der Nachteil, -e	die Schlange, -n
sich an|stellen (hat sich angestellt)	verbieten (hat verboten)	benötigen (hat benötigt)
weg|werfen (hat weggeworfen)	der Beleg, -e	das Fahrzeug, -e

Wortschatzspiel: Erklärungen

Schritte PLUS NEU B1 — Spielesammlung 10

---

der Transport
Die L_____ der Waschmaschine in Ihre Wohnung ist bei uns kostenlos.

der Gewinner

kostenlos

Die D_____ haben Geld und Schmuck gestohlen.

groß werden
Erst ist ein Kind klein, aber es wird immer größer: Es _____.

putzen, saubermachen
Sie r_____ ihr Auto.

An der Kasse warten viele Leute. Es gibt eine lange S_____.

↔ der Vorteil
Ich finde die Wohnung gut, weil sie zentral liegt. Der N_____ ist: Sie ist ziemlich teuer.

---

brauchen
Zu einem Umtausch des Geräts b_____ wir Ihre Rechnung.

↔ erlauben
Ich darf nichts alleine machen. Meine Eltern v_____ mir alles!

Viele Leute warten an der Kasse. Ich muss mich hinten a_____.

F_____ sind zum Beispiel Busse, Autos und Fahrräder.

die Quittung

in den Müll werfen
Die alten kaputten Schuhe kannst du w_____.

Wortschatzspiel: **Wörter**

Schritte PLUS NEU B1
Spielesammlung 11

bestrafen (hat bestraft)	sich vornehmen (hat sich vorgenommen)	der Autor, -en / die Autorin, -nen
behindern (hat behindert)	der Speisewagen, -	eilig
die Erkältung, -en	das Missverständnis, -se	stehlen (hat gestohlen)
der Tropfen, -	beleidigen (hat beleidigt)	(sich) verspäten (hat sich verspätet)
zerstören (hat zerstört)	vorkommen (ist vorgekommen)	zählen (hat gezählt)

Wortschatzspiel: Erklärungen

Schritte PLUS NEU B1 — Spielesammlung 11

Sie ist von Beruf
A_____ und hat
schon viele Bücher
geschrieben.

planen etwas zu machen
Sie n_____ sich
v_____, mehr
Sport zu machen.

eine Strafe geben
Man müsste Diebe
härter b_____
meine ich!

Entschuldigung, ich
habe es e_____.
Mein Zug fährt in zwei
Minuten.

Man nennt den
S_____ im Zug
auch „Bordrestaurant".

stören
Sie parkte mitten
auf der Straße und
b_____ den
ganzen Verkehr.

---

nehmen ohne
zu bezahlen
Diebe haben letzte
Nacht mehrere Autos
ges_____.

etwas, was
man falsch verstanden
hat
Er hat halb acht gesagt,
aber sie hat halb neun
verstanden. Das war ein
M_____.

Bei einer
E_____
hat man oft
Husten und
Schnupfen.

---

zu spät kommen,
unpünktlich sein
Der Bus hat sich um 20
Minuten v_____.

mit Worten verletzen
Wenn ich zu einer
Person „Du Idiot!" sage,
dann
b_____ ich sie.

Ich kann schon bis
zehn z_____:
1, 2, 3, ... 9, 10!

passieren
Entschuldigung,
es wird bestimmt nie
wieder v_____.

kaputtmachen
Sie haben mein
Vertrauen völlig
z_____!

Wortschatzspiel: **Wörter** Schritte PLUS NEU B1 — Spielesammlung 12

die Lüge, -n	das Altenheim, -e	der Babysitter, -
klettern (ist geklettert)	sich ein|setzen für (hat sich eingesetzt)	die Schwierigkeit, -en
vor|lesen (hat vorgelesen)	die Geduld (Sg.)	die Feuerwehr, -en
egoistisch	vorgestern	unterstützen (hat unterstützt)
der Augenblick, -e	pensioniert sein	die Biene, -n

Wortschatzspiel: Erklärungen

Eine Person, die auf kleine Kinder aufpasst, wenn die Eltern nicht zu Hause sind, nennt man _____.

In einem A_____ wohnen ältere Leute, die nicht mehr alleine leben können.

↔ die Wahrheit
Er sagt, er ist ledig, obwohl er verheiratet ist. Das ist eine L_____.

das Problem
Mit den Artikeln habe ich keine S_____. Man muss sie nur lernen.

sich engagieren für
Der Mieterverein s_____ sich für Mieter e_____.

Der Junge kann gut k_____.

Wenn es brennt, muss man die F_____ rufen.

Wenn du zu diesem Arzt gehst, brauchst du G_____. Bei dem muss man lange warten.

laut für andere lesen
Meine Oma l_____ mir jeden Abend eine Geschichte v_____.

helfen
Wie kann ich mein Kind beim Lernen am besten u_____?

vor zwei Tagen
Heute ist Mittwoch, v_____ war Montag.

Du denkst nur an dich! Du bist so e_____!

B_____ machen Honig.

in Rente sein
Seit ich p_____ bin und nicht mehr arbeiten muss, mache ich nur noch Dinge, die mir Spaß machen.

der Moment
Warten Sie bitte einen A_____! Ich bin gleich da.

Wortschatzspiel: Wörter

geschehen (ist geschehen)	kämpfen (hat gekämpft)	die Reportage, -n
protestieren (hat protestiert)	die Demonstration, -en	der Bauer, -n / die Bäuerin, -nen
der Bürgermeister, - / die Bügermeisterin, -nen	feucht	der Bundeskanzler, - / die Bundeskanzlerin, -nen
fair	der Streik, -s	die Geschwindigkeit, -en
fördern (hat gefördert)	die Ansicht, -en	(sich) etwas leisten (hat sich geleistet)

Wortschatzspiel: Erklärungen

Schritte PLUS NEU B1 — Spielesammlung — 13

---

der Bericht
Ich habe in der Zeitung eine interessante R_____ über unsere Stadt gelesen.

Mahatma Ghandi hat für den Frieden gek_____.

passieren
Nach dem Unfall fragte die Polizei, was genau g_____ ist.

Der B_____ / die B_____ ist der Chef / die Chefin der Regierung in Deutschland.

Von dem Regen ist die Wäsche ganz f_____ geworden.

Auf der Demonstration p_____ Zehntausende Menschen gegen ihre Regierung.

Ein B_____ ist der politische Chef im Rathaus einer Stadt.

Dieser Zug fährt mit einer G_____ von 330 Stundenkilometern.

Die Busfahrer protestieren, weil sie zu wenig Geld bekommen. Deshalb arbeiten sie heute nicht. Sie machen einen S_____.

gerecht
Ich bekomme für die gleiche Arbeit weniger Geld als meine Kollegin. Das finde ich nicht f_____.

genug Geld haben, um etwas zu bezahlen
Die Mieten sind hier so teuer, da kann ich mir keine große Wohnung l_____.

die Meinung
Unserer A_____ nach ist dieser Film sehr gut.

unterstützen
Wie können wir Kinder und Jugendliche f_____, damit sie später gute Chancen im Beruf haben?

Wortschatzspiel: **Wörter**　　Schritte PLUS NEU B1 Spielesammlung 14

braten (hat gebraten)	der Profi, -s	rühren (hat gerührt)
das Zuhause (Sg.)	die Gegend, -en	das Gebäck, -e
trocknen (hat getrocknet)	die Fläche, -n	die Staatsangehörigkeit, -en
speziell	der Einwohner, -	der Kontinent, -e
das Gericht, -e	das Volk, ⸚er	der Zuwanderer, -

Wortschatzspiel: Erklärungen

Du musst die Eier gut r_____.

der Spezialist, der Fachmann
P_____-Fußballer verdienen mit Fußballspielen Geld.

Du musst die Wurst in der Pfanne in Öl b_____.

Apfel und Banane = Obst.
Kuchen und Kekse = G_____.

die Region
Heimat ist für mich die G_____, wo ich als Kind gelebt habe.

die Heimat
Mein Z_____ ist Ostfriesland.

die Nationalität
Ich bin in Deutschland geboren, aber ich habe die italienische S_____, denn meine Eltern sind Italiener.

Europa hat eine F_____ von circa zehn Millionen Quadratkilometern.

↔ nass machen
Nach dem Duschen t_____ ich meine Haare erst mit dem Handtuch, dann föhne ich sie.

Afrika, Europa und Asien sind K_____.

Menschen in einer Stadt oder einem Land
Berlin hat 3,5 Millionen E_____.

besonders

Ein Z_____ verlässt sein Heimatland und kommt in unser Land, um hier zu leben.

In Deutschland wählt das V_____ das Parlament, den Bundestag.

Pizza und Pasta sind italienische G_____.

Artikelspiele **Anleitung**

Schritte PLUS NEU B1
Spielesammlung

Auf den Seiten 85 – 112 finden Sie **14 verschiedene Vorlagen für Artikelspiele**. Jedes Spiel besteht aus einer zweiseitigen Kopiervorlage. Auf der Vorderseite stehen Nomen, auf der Rückseite mit Häkchen ⓥ steht der bestimmte Artikel des Nomens.

Wortkarte
Vorderseite:    Rückseite:

Zu jeder Vorlage gibt es **neun verschiedene Einsatzmöglichkeiten**, z. B. als Kartenspiel oder als Diktierspiel.

Für einige dieser Spielvarianten benötigen Sie außerdem die Kopiervorlage für Artikelkarten auf Seite 83, das Spielbrett 1 auf Seite 6 bzw. das Spielbrett 2 auf Seite 7.

Die Wörter zu den Artikelspielen entsprechen dem Lernwortschatz von *Schritte plus Neu 5 und 6*.

Möglichkeit 1: Kartenspiel mit Spielbrett 2

> **VORBEREITUNG**
> Kopieren Sie für jede Gruppe ein Artikelspiel zweiseitig auf stärkeres Papier sowie das Spielbrett 2 von Seite 7. Beachten Sie dabei die Kopierhinweise auf Seite 2.
> Schneiden Sie die Karten aus oder bringen Sie genug Scheren mit, damit die TN die Karten selbst ausschneiden können. Sie erhalten pro Gruppe 15 zweiseitige Wortkarten.

1 Die TN bilden Dreiergruppen. Jede Gruppe bekommt ein Set aus 15 Wortkarten. Die Wortkarten werden unter den Gruppenmitgliedern aufgeteilt. Das Spielbrett 2 liegt in der Mitte.

2 Die TN ordnen die Karten dem jeweils passenden Artikel auf Spielbrett 2 zu, indem sie die Karten so zu den passenden Artikeln legen, dass alle Kärtchen sichtbar sind.

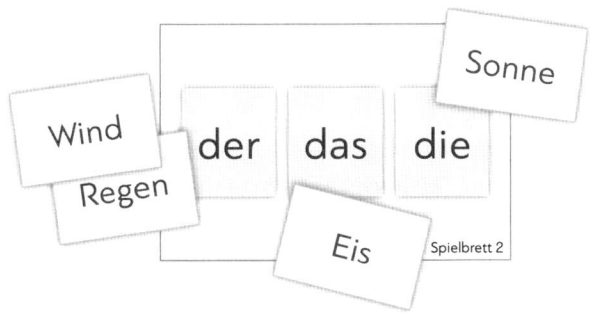

3 Anschließend korrigieren die TN die Zuordnung mithilfe der Lösung auf der Rückseite der Wortkarten.

Variante: Kopieren Sie nur die Vorderseite der Wortkarten. Die TN tragen die Artikel auf der Rückseite mit Bleistift selbst ein. Eine Überprüfung kann mithilfe des Lernwortschatzes in *Schritte plus Neu* erfolgen.

4 Die TN bekommen zwei bis drei Minuten Zeit, um sich die Artikel einzuprägen. Dabei erkennen sie ggf. selbst einige Genusregeln. Darüber hinaus können verschiedene Lerntechniken eingeführt werden (siehe Seite 82).

5 Sie können das Spiel an dieser Stelle beenden oder mit Möglichkeit 2 fortfahren.

Möglichkeit 2: Kartenspiel mit Spielbrett 1

Hinweis: Dieses Spiel wird am besten im Anschluss an Möglichkeit 1 gespielt.

> **VORBEREITUNG**
> Kopieren Sie für jede Gruppe ein Artikelspiel zweiseitig auf stärkeres Papier, die Kopiervorlage „Artikelkarten" sowie das Spielbrett 1 auf stärkeres Papier. Beachten Sie dabei die Kopierhinweise auf Seite 2. Schneiden Sie pro Gruppe 15 Wortkarten und pro TN drei Artikelkarten aus oder bringen Sie genug Scheren mit, damit die TN die Karten selbst ausschneiden können.

Artikelspiele **Anleitung**

1. Die TN bilden Dreiergruppen.
2. Die 15 Wortkarten werden gemischt und mit dem Nomen nach oben auf einen Stapel gelegt.
3. Spielbrett 1 wird auf den Tisch gelegt. Jede/r TN erhält die drei Artikelkarten *der – das – die*, die sie/er wie bei einem traditionellen Kartenspiel in der Hand hält.

4. Jede/r TN legt nun die zur obersten Wortkarte passende Artikelkarte verdeckt auf den Tisch, ohne dabei zu sprechen.

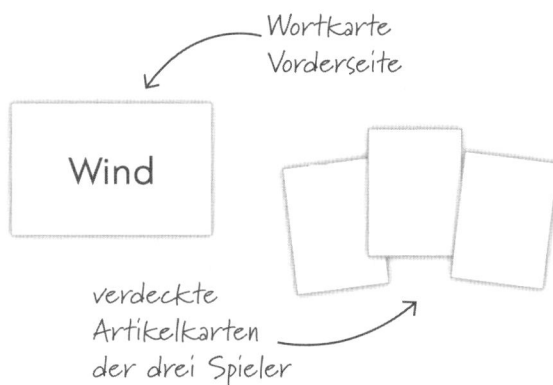

5. Erst wenn sich alle entschieden haben, werden die Artikelkarten aufgedeckt und mit dem richtigen Artikel auf der Rückseite der Wortkarte verglichen.

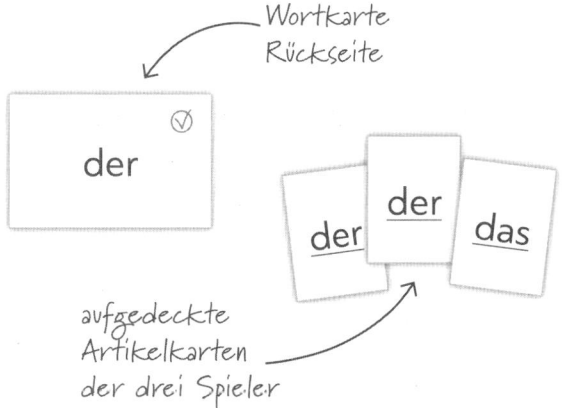

6. Haben alle TN der Gruppe den richtigen Artikel gelegt, kommt die Wortkarte auf das Feld „alle richtig", andernfalls wird sie auf das Feld „leider falsch" gelegt.

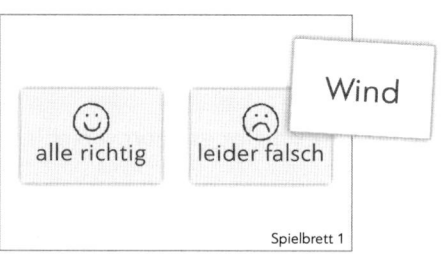

Spielbrett 1

7. In einem zweiten Durchgang werden nur noch die auf dem Feld „leider falsch" liegenden Wortkarten bearbeitet. Bei Bedarf können noch weitere Durchgänge folgen.
8. Das Spiel endet, wenn alle Karten auf dem Feld „alle richtig" liegen.

Tipp: Um das Spiel Ihren TN schnell und klar zu erklären, sollten Sie ein paar stark vergrößerte Karten herstellen und mit drei Teilnehmern eine Beispielrunde im Plenum vorspielen.

Möglichkeit 3: Artikeldiktat

VORBEREITUNG
Kopieren Sie die Vorderseite eines Artikelspiels einmal auf stärkeres Papier.
Schneiden Sie die 15 Wortkarten aus.
Wenn Sie mehr als 15 TN haben, fügen Sie selbst erstellte Karten oder Karten aus einer anderen Lektion dazu, sodass jede/r TN eine Karte erhält.

1. Jede/r TN erhält eine Wortkarte.
2. Die TN lesen der Reihe nach ihr Wort ohne Artikel vor. Alle anderen schreiben das Wort mit dem bestimmten Artikel auf.
3. Am Ende des Diktats schreibt eine/ein TN die Lösungen an die Tafel oder Sie projizieren die Wörter an die Tafel und lassen die Artikel ergänzen.

Möglichkeit 4: Artikelkarte hochheben

Hinweis: Dieses Spiel eignet sich besonders, wenn Sie auch sonst im Unterricht feste Farben für die drei Artikel verwenden und die TN an diese Merkhilfe gewöhnen möchten.

Artikelspiele Anleitung

Schritte PLUS NEU B1
Spielesammlung

> **VORBEREITUNG**
> Stellen Sie jeder/jedem TN drei leere Karteikarten in verschiedenen Farben (z. B. blau, rot und grün) zur Verfügung. Statt Karteikarten können Sie auch anderes farbiges Papier verwenden.
> Sie haben die Vorderseite eines Artikelspiels vor sich liegen.

1 Jede/r TN bekommt drei Karteikarten in verschiedenen Farben, z. B. in Blau, Rot und Grün. Die blaue Karte wird mit „der" beschriftet, die grüne mit „das" und die rote mit „die".
2 Lesen Sie das erste Nomen auf der Kopiervorlage vor. Die TN heben, ohne zu sprechen, die Karteikarte mit dem passenden Artikel hoch.

Tipp: Wenn Sie die TN mit einem Handzeichen oder einem Geräusch auffordern, die Karteikarte zu heben, müssen sich alle gleichzeitig entscheiden und können sich nicht gegenseitig beeinflussen.

3 Wer den falschen Artikel gezeigt hat, notiert sich das Wort mit Artikel im Heft oder direkt auf der Karteikarte.

Variante: Bei dieser Variante können auch Kleingruppen gegeneinander antreten. Dann sollte sich jede Gruppe möglichst leise auf eine gemeinsame Lösung einigen und erst dann den Artikel zeigen. Die Gruppe mit den meisten richtigen Antworten gewinnt.

Möglichkeit 5: Fliegenklatschen

Dieses Spiel ist besonders für bewegungsfreudige Gruppen geeignet.

> **VORBEREITUNG**
> Besorgen Sie zwei Fliegenklatschen und Klebeband. Schreiben Sie die Artikel *der, das* und *die* jeweils auf ein DIN-A6-Blatt und kleben Sie diese mit Klebeband fest an die Tafel. Die Blätter sollten nicht größer als der „Kopf" einer Fliegenklatsche sein.
> Nehmen Sie die Vorderseite eines Artikelspiels zur Hand.

1 Die TN spielen in zwei Teams gegeneinander.
2 Jedes Team stellt sich vor der Tafel in einer Schlange auf. TN 1 jeder Schlange erhält eine Fliegenklatsche. Sie/Er sollte mindestens vier Meter Abstand zur Tafel haben. Markieren Sie ggf. die Startlinie mit einem Klebeband auf dem Boden.
3 Lesen Sie das erste Nomen auf der Kopiervorlage vor.
4 TN 1 von jedem Team muss mit der Fliegenklatsche zur Tafel rennen und damit auf den richtigen Artikel schlagen. Die Fliegenklatsche bleibt auf dem Artikel, bis festgestellt wurde, wer Erste/r war und welche Lösung richtig ist.
5 Wer zuerst auf den richtigen Artikel geklatscht hat, holt einen Punkt für ihr/sein Team. Dann gibt sie/er die Fliegenklatsche an TN 2 und stellt sich hinten an.
6 Das Spiel endet, wenn jede/r TN einmal dran war.

Möglichkeit 6: Artikelgymnastik

> **VORBEREITUNG**
> Nehmen Sie die Vorderseite eines Artikelspiels zur Hand.

1 Teilen Sie die TN in drei Gruppen. Links sitzt die „Die-Gruppe", in der Mitte die „Das-Gruppe" und rechts die „Der-Gruppe".
2 Lesen Sie das erste Nomen vor, z. B. „Fuß" und zählen Sie laut bis drei. Die Gruppe mit dem passenden Artikel, in diesem Fall „der", muss aufstehen und gemeinsam „der Fuß" rufen.
3 Dann wird das nächste Nomen vorgelesen.

Variante: Sie können das Spiel als Wettkampfspiel durchführen. Dann müssen Sie darauf achten, dass Sie gleich viele feminine, maskuline und neutrale Nomen vorlesen und dass jede Gruppe die gleiche Teilnehmerzahl hat. Wenn es nicht aufgeht, übernehmen die übrigen ein oder zwei TN die Rolle des Spielleiters und lesen die Nomen vor.
Im Fall unseres Beispiels „Fuß" holt jede/r aufgestandene TN aus der „Der-Gruppe" für ihr/sein Team einen Punkt. Jede/r fälschlicherweise aufgestandene TN der „Die-Gruppe" oder der „Das-Gruppe" holt hingegen einen Minuspunkt.

Artikelspiele **Anleitung**

Möglichkeit 7: Test oder Arbeitsblatt

VORBEREITUNG: Kopieren Sie für jede/n TN die Vorderseite der Kopiervorlage „Wortkarten" als Arbeitsblatt auf normales Papier.

Teilen Sie die Kopien aus und bitten Sie die TN, die Artikel zu ergänzen.

Möglichkeit 8: Lernstationen
(siehe Anleitung zu den Grammatikspielen S. 11)

Möglichkeit 9: Lernkartei
(siehe Anleitung zu den Grammatikspielen S. 12)

Einsatz im Unterricht

Die Artikelspiele eignen sich besonders

- zur Wiederholung von Nomen mit Artikel: Auch Lernern auf A2-Niveau fällt es manchmal schwer, den Sinn und Zweck von Artikeln zu erfassen und sich die Artikel einzuprägen. Mithilfe der Artikelspiele geben Sie ihnen Hilfestellung. Gleichzeitig prägen sich Bedeutung und Schreibweise der Wörter ein und es wird die Wortart „Nomen" verdeutlicht.
- zur Vermittlung von Lerntechniken: Sie möchten den TN Lerntechniken zum Wortschatz- und Artikelerwerb vermitteln. Bei Möglichkeit 1 bietet es sich z. B. an, bei Schritt 3 innezuhalten und die TN dazu anzuregen, sich mit eigenen Assoziationen Eselsbrücken zu bauen. Geben Sie den TN einen Satz vor, in dem beispielsweise alle femininen Wörter eines Artikelspiels vorkommen. Auf höheren Stufen können Sie drei Gruppen bilden. Eine Gruppe versucht, alle neutralen Wörter eines Artikelspiels in einem Satz zu verwenden, die anderen Gruppen widmen sich den maskulinen oder den femininen Nomen.
- um Grundlagen für die Einführung von Grammatik zu schaffen: Manche Grammatikregeln lassen sich besser einführen, wenn die TN das richtige Genus kennen. Wenn die TN wissen, welche Wörter feminin sind, können sie sich auch leichter einprägen, dass sie bei diesen Wörtern die Adjektivendung „-e" benutzen müssen.
- zur Auflockerung und Motivation: Durch die Arbeit in Kleingruppen sind alle TN aufgefordert, sich aktiv zu beteiligen. Manche TN spornt es an, sich mit anderen zu messen. Außerdem können die TN sich gegenseitig motivieren und eigene Lernerfahrungen austauschen.

Artikelspiele: **Artikelkarten**

Schritte PLUS NEU B1
Spielesammlung

Spieler 1	Spieler 2	Spieler 3
die	die	die
das	das	das
der	der	der

83

Artikelspiel: **Wörter**

Schritte PLUS NEU B1
Spielesammlung 1

Mut	Anzeige	Tor
Standesamt	Steuer	Überschrift
Bericht	Schaden	Vorhang
Gespräch	Erlebnis	Ärger
Gewinn	Religion	Interview

Artikelspiel: **Artikel**

Schritte PLUS NEU B1
Spielesammlung

das	die	der
die	die	das
der	der	der
der	das	das
das	die	der

Artikelspiel: **Wörter**

Rat	Fall	Gewalt
Blut	Ufer	Lager
Vergangenheit	Hit	Arbeitslosigkeit
Abenteuer	Operation	Serie
Humor	Szene	Kiste

Artikelspiel: Artikel

die	der	der
das	das	das
die	der	die
die	die	das
die	die	der

Artikelspiel: Wörter

Verband	Mangel	Einnahme
Konferenz	Schlaf	Gewicht
Schulter	Fett	Schmerzmittel
Kraft	Verbesserung	Magen
Spritze	Ergebnis	Wirkung

Artikelspiel: **Artikel**

die	der	der
das	der	die
das	das	die
der	die	die
die	das	die

Artikelspiel: **Wörter**

Schritte PLUS NEU B1 Spielesammlung 4

Aussprache	Wiederholung	Soße
Integrationskurs	Keller	Wahrheit
Muttersprache	Mensa	Schrift
Portemonnaie	Stirn	Ausdruck
Herkunft	Ausbildungs-platz	Eile

Artikelspiel: **Artikel**

✓	✓	✓
die	die	die
✓	✓	✓
die	der	der
✓	✓	✓
die	die	die
✓	✓	✓
der	die	das
✓	✓	✓
die	der	die

Artikelspiel: **Wörter**

Schritte PLUS NEU B1
Spielesammlung 5

Aufgabe	Spiegel	Konkurrenz
Tätigkeit	Handel	Verantwortung
Anlage	Talent	Fortbildung
Zeitpunkt	Auftrag	Vorteil
Lebenslauf	Unterstützung	Tierpark

Artikelspiel: **Artikel**

die	der	die
die	der	die
die	das	die
der	der	der
der	die	der

Artikelspiel: **Wörter**

Schritte PLUS NEU B1
Spielesammlung 6

Rücksicht	Mühe	Firma
Jahreszeit	Sinn	Betrieb
Heimweh	Produktion	Geheimnis
Experiment	Studio	Risiko
Wettbewerb	Klimaanlage	Ersatz

Artikelspiel: Artikel

die	die	die
der	der	die
das	die	das
das	das	das
der	die	der

Artikelspiel: **Wörter**

Frieden	Prozess	Chance
Terrasse	Rand	Lärm
Mauer	Gericht	Gebäude
Verbot	Staat	Link
Lift	Erde	Pflicht

Artikelspiel: **Artikel**

Schritte PLUS NEU B1
Spielesammlung 7

die	der	der
der	der	die
das	das	die
der	der	das
die	die	der

Artikelspiel: **Wörter**

Schritte PLUS NEU B1
Spielesammlung 8

Freundschaft	Einfluss	Vergleich
Distanz	Form	Chat
Zusammen-arbeit	Studie	Kuli
Atmosphäre	Gemeinschaft	Gedicht
Eindruck	Grenze	Klima

Artikelspiel: **Artikel**

Schritte PLUS NEU B1
Spielesammlung
8

der	der	die
der	die	die
der	die	die
das	die	die
das	die	der

Artikelspiel: **Wörter**

Schritte PLUS NEU B1
Spielesammlung 9

Passwort	Tastatur	Akku
Symbol	Rechner	Diskussion
Monitor	Mountainbike	Festplatte
Knopf	Salon	Standpunkt
Computer	Datei	Ordner

Artikelspiel: **Artikel**

der	die	das
die	der	das
die	das	der
der	der	der
der	die	der

Artikelspiel: **Wörter**

Schritte PLUS NEU B1
Spielesammlung 10

Zelt	Beleg	Missgeschick
Fahrzeug	Griff	Haut
Kampf	Rest	Schlange
Projekt	Nachteil	Lieferung
Handtuch	Umtausch	Gesicht

Artikelspiel: **Artikel**

Schritte PLUS NEU B1
Spielesammlung 10

das	der	das
die	der	das
die	der	der
die	der	das
das	der	das

Artikelspiel: **Wörter**

Schritte PLUS NEU B1 — Spielesammlung 11

Geschmack	Tropfen	Ausnahme
Erkältung	Vertrauen	Speisewagen
Plakat	Gebiet	Missverständnis
Generation	Kasten	Instrument
Hauptbahnhof	Anzahl	Flucht

Artikelspiel: **Artikel** **Schritte** PLUS NEU B1 Spielesammlung 11

die	der	der
der	das	die
das	das	das
das	der	die
die	die	der

Artikelspiel: Wörter

Feuerwehr	Organisation	Altenheim
Publikum	Lüge	Biene
Klinik	Kälte	Umweltschutz
Augenblick	Integration	Geduld
Gewissen	Maßnahme	Wolle

Artikelspiel: **Artikel**

ⓥ	ⓥ	ⓥ
das	die	die
ⓥ	ⓥ	ⓥ
die	die	das
ⓥ	ⓥ	ⓥ
der	die	die
ⓥ	ⓥ	ⓥ
die	die	der
ⓥ	ⓥ	ⓥ
die	die	das

Artikelspiel: **Wörter**

Schritte PLUS NEU B1 — Spielesammlung — 13

Demonstration	Ereignis	Ansicht
Fortschritt	Gesetz	Regierung
Reportage	Streik	Zusammenhang
Macht	Bombe	Bauer
Geschwindigkeit	Zeichen	Krieg

Artikelspiel: **Artikel**

Schritte PLUS NEU B1
Spielesammlung 13

die	das	die
die	das	der
der	der	die
der	die	die
der	das	die

Artikelspiel: **Wörter**

Schritte PLUS NEU B1
Spielesammlung
14

Tradition	Fläche	Migration
Volk	Gebäck	Einwohner
EU	Zuhause	Demokratie
Freiheit	Mobilität	Kontinent
Staatsangehörigkeit	Profi	Gegend

Artikelspiel: **Artikel**

Schritte PLUS NEU B1
Spielesammlung
14

die	die	die
der	das	das
die	das	die
der	die	die
die	der	die

Mini-Gespräche **Anleitung**

Schritte PLUS NEU B1
Spielesammlung

Auf den Seiten 115 – 127 finden Sie **14 verschiedene Vorlagen** für Mini-Gespräche. Manche Spiele bestehen aus einer Vorderseite und einer Rückseite mit Lösungen ✓, andere Spiele haben nur eine Seite.

Zu jeder Vorlage gibt es **sechs verschiedene Einsatzmöglichkeiten**, z. B. als Klassenspaziergang, als Brettspiel oder als Partnerübung.

Themen und Wortschatz passen zu den einzelnen Lektionen von *Schritte plus Neu 5 und 6*, können aber auch zu anderen Lehrwerken eingesetzt werden.

Möglichkeit 1: Klassenspaziergang

VORBEREITUNG

Kopieren Sie die Vorderseite eines Mini-Gesprächs einmal auf stärkeres Papier. Wenn Sie mehr als 18 TN haben, brauchen Sie eine zweite Kopie. Schneiden Sie die Karten aus.
Variante: Für ungeübte TN kopieren Sie auf die Rückseite die Lösungen, sofern vorhanden (siehe Kopierhinweise auf Seite 2).

1 Schreiben Sie das Beispiel des Mini-Gesprächs an die Tafel und spielen Sie das Gesprächsmuster im Plenum mehrmals durch. Lassen Sie die TN dann selbst ein weiteres Beispiel in ihr Heft schreiben und stellen Sie sicher, dass das Gesprächsmuster von allen verstanden wurde. Bei manchen Mini-Gesprächen brauchen die TN etwas Fantasie, um eine Antwort zu finden. Falls das Ihren TN Schwierigkeiten bereitet, können Sie vorab im Plenum Stichworte für mögliche Lösungen sammeln oder vorgeben.
2 Die TN gehen im Kursraum umher. Sie können dazu beschwingte Party-Musik abspielen, damit eine gewisse Geräuschkulisse gegeben ist und die TN sich möglichst ungezwungen bewegen und miteinander sprechen können. Jede/r TN bekommt eine Karte, sucht sich eine Gesprächspartnerin / einen Gesprächspartner, stellt ihre/seine Frage und beantwortet die Frage der/des anderen. Falls Sie die Lösung auf die Rückseite kopiert haben, müssen die TN die Karten so halten, dass die andere Person die Lösung nicht von der Rückseite ablesen kann.
3 Dann werden die Karten getauscht, jede/r sucht sich ein neues Gegenüber.
4 Beenden Sie das Spiel nach eigenem Ermessen.

Möglichkeit 2: Kugellager

Diese Möglichkeit eignet sich besonders für Fragen, die kurz und bündig zu beantworten sind.

VORBEREITUNG

Siehe Möglichkeit 1

1 Führen Sie das Mini-Gespräch im Plenum ein (siehe Möglichkeit 1, Schritt 1).
2 Die TN stehen sich in einem Innenkreis und einem Außenkreis paarweise gegenüber. Jede/r TN bekommt eine Karte und formuliert eine vollständige Frage.
3 Das Gegenüber antwortet, stellt seine Frage und wartet wiederum auf die Antwort.
4 Dann tauschen die Gesprächspartner ihre Karten miteinander.
5 Der Außenkreis rückt nach Ihrer Ansage oder mit einer kurzen Musiksequenz eine oder mehrere Positionen im Uhrzeigersinn weiter, sodass jede/r TN für das nächste Mini-Gespräch einer neuen Person gegenübersteht.

Möglichkeit 3: Gespräche in Kleingruppen oder in Partnerarbeit

VORBEREITUNG

Kopieren Sie die Vorderseite eines Mini-Gesprächs für jede Kleingruppe einmal auf stärkeres Papier. Schneiden Sie die Karten aus oder bringen Sie genug Scheren mit, damit die TN die Karten selbst ausschneiden können.
Variante: Für ungeübte TN kopieren Sie auf die Rückseite die Lösungen, sofern vorhanden (siehe Kopierhinweise auf Seite 2).

1 Führen Sie das Mini-Gespräch im Plenum ein (siehe Möglichkeit 1, Schritt 1).
2 Lassen Sie die Mini-Gespräche in Kleingruppen oder zu zweit führen.

Mini-Gespräche **Anleitung**

Schritte PLUS NEU B1
Spielesammlung

Möglichkeit 4: Brettspiel

VORBEREITUNG

> Kopieren Sie für jede Gruppe die Vorderseite des Mini-Gesprächs, am besten auf DIN-A3 vergrößert als Spielbrett. Schreiben Sie auf das Spielbrett oben links „Start" und unten rechts „Ziel", nummerieren Sie die Felder und geben Sie Richtungspfeile und Linien vor, damit die TN wissen, wie sie sich auf dem Spielbrett bewegen müssen (siehe S. 11, Möglichkeit 5).
> Darüber hinaus brauchen Sie für jeden TN einen Spielstein und für jede Kleingruppe einen Würfel.
> *Variante*: Bei einigen Kopiervorlagen gibt es auf der Rückseite eine Musterlösung, die Sie den TN zur Verfügung stellen können. Dabei ist jedoch zu beachten, dass die Spalten dann spiegelverkehrt sind. Daher sollten Sie die Spalten 1 und 3 vor dem Kopieren vertauschen oder die einzelnen Felder nummerieren.

1. Führen Sie das Mini-Gespräch im Plenum ein (siehe Möglichkeit 1, Schritt 1).
2. Die TN bilden Gruppen zu je 3 – 4 TN. Jede/r TN erhält einen Spielstein. Jede Gruppe bekommt einen Würfel und ein Spielbrett.
3. TN 1 würfelt, zieht und sagt Satz A des Mini-Gesprächs (z. B. „Hast du deinen Radiergummi dabei?"). Ein/e andere/r TN der Gruppe antwortet mit Satz B (z. B. „Nein, ich habe ihn nicht dabei.").
4. Dann ist TN 2 an der Reihe.
5. Wenn die Gruppe sehr schnell fertig ist, kann sie weitere Durchläufe machen.

Variante: Wenn Sie die Rückseite der Kopiervorlage als Lösung verwenden möchten, sollten Sie eine/n TN der Gruppe bestimmen, der das Lösungsblatt erhält und die Antworten überprüft. Dann ist es sinnvoll, mehrere Runden zu planen, sodass jede/r einmal „Kontrolleur" ist. Zur Binnendifferenzierung bietet es sich an, die/den schwächsten TN in der ersten Runde als Kontrolleur einzusetzen.

Möglichkeit 5: Schriftliche Übung

VORBEREITUNG

> Kopieren Sie die Vorderseite eines Mini-Gesprächs für jede/n TN als Arbeitsblatt.

Verteilen Sie die Kopiervorlage als Arbeitsblatt an die TN und lassen Sie sie ganz oder teilweise schriftlich bearbeiten. Diese Möglichkeit bietet sich bei ungeübten TN zur Vorbereitung der Sprechübung an oder auch als Nachbereitung zu Hause.

Möglichkeit 6: Lernstationen

Mini-Gespräche, zu denen es auf der Rückseite eine eindeutige Lösung gibt, können Sie für Lernstationen einsetzen (siehe Anleitung zu den Grammatikspielen S. 11).

Einsatz im Unterricht

Die Mini-Gespräche eignen sich besonders
- zur Festigung bereits gelernter Redemittel und Grammatikstrukturen: Durch häufige Wiederholung werden Strukturen gefestigt und automatisiert. Dies kommt besonders TN zugute, die sich mit Grammatikerklärungen schwertun.
- zur Vorbereitung auf das freie Sprechen: Die Mini-Gespräche greifen Grammatikstrukturen auf und schaffen einen Übergang von stark gesteuerten Übungsformen zum freien Sprechen.
- zur Binnendifferenzierung: Ungeübte TN erhalten mit den Kärtchen (und den Lösungen) Hilfe und Orientierung. Sie können bestimmte Satzmuster einschleifen. Für geübte TN können Sie Hilfen weglassen oder sie bitten, weitere eigene Beispiele zu finden, für die das Satzmuster passt.
- zur Auflockerung der Kursatmosphäre und zur Aktivierung der TN: Der spielerische Charakter trägt zur Auflockerung des Unterrichts bei. Durch den häufigen Wechsel der Gesprächspartner lernen sich die TN besser kennen und bauen Hemmschwellen ab. Darüber hinaus sind alle TN aufgefordert, sich aktiv am Unterrichtsgeschehen zu beteiligen.
- zur Wiederholung und Auffrischung: Setzen Sie die Spiele gern auch einige Lektionen oder gar Niveaustufen später ein, um die Kenntnisse aufzufrischen. Auch kurz vor einem Test ist eine spielerische Wiederholung hilfreich.

Mini-Gespräche: Fragen über besondere Momente

Schritte PLUS NEU B1 — Spielesammlung — 1

A: **Wann hast du** dein erstes deutsches Wort **gelernt?**
B: **Als** ich nach Deutschland gekommen **bin**.

dein erstes deutsches Wort lernen	nach Deutschland kommen	sehr glücklich sein
das erste Mal verliebt sein	den Führerschein machen	sich in letzter Zeit sehr freuen
einmal total nervös sein	Fahrrad fahren lernen	deinen besten Freund / deine beste Freundin kennenlernen
ein besonders schönes Fest feiern	große Angst haben	von zu Hause ausziehen
deine erste Zigarette rauchen	deinen ersten Kuss bekommen	in deinem Leben besonders stolz sein
das schönste Geschenk in deinem Leben bekommen	heiraten	in deine jetzige Wohnung einziehen

Mini-Gespräche: Erstaunen ausdrücken

Schritte PLUS NEU B1
Spielesammlung 2

A: Sie hat sich ein neues Auto gekauft.
B: Komisch, und das, **obwohl** sie kein Geld **hat**.

Sie hat sich ein neues Auto gekauft.	Er raucht zwei Schachteln Zigaretten am Tag.	Das Open-Air-Konzert findet statt.
Ihre Chefin hat ihr gekündigt.	Sie schläft immer noch.	Er wiegt nur 50 Kilo.
Der Computer kostet nur 200 Euro.	Der Film hat keinen Oscar bekommen.	Sie mag keine Nudeln.
Sie spricht kein Wort Deutsch.	Er ist so oft krank.	Sie will Sängerin werden.
Er hat einen Job als Fotomodell bekommen.	Die Schauspielerin ist 100 Jahre alt geworden.	Er ist von der Party schon sehr früh nach Hause gegangen.
Sie haben das Fußballspiel verloren.	Er hat nie Geld.	Er findet keine Frau.

Mini-Gespräche: **Vorgänge beschreiben**

Schritte PLUS NEU B1 — Spielesammlung 3

A: Der Fernseher ist kaputt.
B: Er **muss repariert werden**.

Der Fernseher ist kaputt.	Das T-Shirt ist schmutzig.	Deine Schuhe sind ja total schmutzig.
Tante Frieda kommt um 21 Uhr am Bahnhof an.	Mein Rücken tut total weh.	So viel schmutziges Geschirr!
Der Abfall ist voll.	In der Dusche sind ganz viele Haare.	Die Rechnung liegt schon seit zwei Wochen auf dem Tisch.
Meine Haare sind schon wieder viel zu lang.	Wir haben kein Brot mehr.	Das Auto hat fast kein Benzin mehr.
Auf dem Formular fehlt noch die Unterschrift.	Die Blumen sind ganz trocken.	Mein Bein ist gebrochen.
Warum ist das ganze Spielzeug auf dem Boden?	Die Briefe sind fertig.	Die Kinder sind müde.

Mini-Gespräche: **Über Irreales sprechen**

Schritte PLUS NEU B1
Spielesammlung 4

A: Was würden Sie machen, **wenn** Sie alle Sprachen verstehen **würden**? / Was würdest du machen, **wenn** du alle Sprachen verstehen **würdest**?
B: Ich **würde** jedes Jahr in einem anderen Land **leben**.

alle Sprachen verstehen	10 Euro auf dem Boden finden	Ihren/deinen Lieblingsschauspieler auf der Straße treffen
einen Hund geschenkt bekommen	Bundeskanzler/-in sein	100 Jahre alt sein
einmal sehr viel Zeit haben	fliegen können	ein Mann / eine Frau sein
Ihre/deine Familie morgen zu Besuch kommen	ein Schloss geschenkt bekommen	Deutschlehrer/-in sein
in die Zukunft schauen können	noch einmal 16 Jahre alt sein	einen Schlüssel im Bus verlieren
im Lotto gewinnen	Drillinge bekommen	auf einer einsamen Insel leben

Mini-Gespräche: **Persönliche Fragen**

Schritte PLUS NEU B1
Spielesammlung 5

A: Was macht Ihnen Spaß? / Was macht dir Spaß?
B: **Es macht mir Spaß**, ein Fest **zu organisieren**.

Was macht Ihnen Spaß?	Wovor haben Sie Angst?	Was ist Ihnen sehr wichtig?
Was ist in Ihrem Land gefährlich?	Wozu haben Sie selten Zeit?	Was haben Ihre Eltern Ihnen früher verboten?
Was haben Sie am Wochenende vor?	Wozu haben Sie nie Lust?	Was macht Sie glücklich?
Was ist leicht für Sie?	Was vergessen Sie immer wieder?	Was finden Sie interessant?
Was finden Sie unhöflich?	Was finden Sie anstrengend?	Womit möchten Sie gern aufhören?
Was ist schwer für Sie?	Was finden Sie langweilig?	Was möchten Sie gern einmal versuchen?

Mini-Gespräche: Einen Zweck nennen

Schritte PLUS NEU B1
Spielesammlung 6

A: **Wozu** brauchst du denn eine Kuh? / **Wozu** brauchen Sie denn eine Kuh?
B: **Um** jeden Tag frische Milch **zu** haben. / **Damit** mein Sohn jeden Tag frische Milch hat.

eine Kuh	eine Landkarte von Südafrika	eine altmodische Schreibmaschine
ein Japanisch-Wörterbuch	diese blonde Perücke	zwei Kilo Knoblauch
die Lampions	nachts eine Sonnenbrille	die vielen Rosen
einen Fernseher im Bad	fünf Wecker	einen so riesigen Topf
einen so großen Garten	als Single eine so große Wohnung	drei Autos
fünf Kilo Äpfel	die Regenwürmer	schon wieder neue Schuhe

Mini-Gespräche: **Bedauern äußern**

Schritte PLUS NEU B1
Spielesammlung 7

A: Heute ist erst der Zwanzigste und du hast kein Geld mehr.
B: Ach ja, hätte ich doch nicht so viele Sachen gekauft. / Ach ja, wäre ich bloß nicht jeden Abend weggegangen.

Heute ist erst der Zwanzigste und du hast kein Geld mehr.	Es regnet schon wieder. Wir werden noch ganz nass.	Was, dein Auto ist schon wieder kaputt?
Deine Schwiegermutter ist total sauer.	Ist deine Lieblingshose dir wirklich zu eng geworden?	Du siehst aber sehr müde aus.
Hat dein/e Freund/in sich echt in jemand anderen verliebt?	Der Kühlschrank ist leer – und das am Sonntag.	Ist dir auch so kalt?
Haben wir wirklich für das Konzert keine Karten mehr bekommen?	Oh, jetzt haben wir den letzten Bus verpasst.	Ich habe gehört, dein Chef hat dir gekündigt.
Wir haben die Prüfung beide nicht bestanden.	Was? Wir haben schon wieder einen Strafzettel bekommen.	Dein Fahrrad ist weg. Ich glaube, jemand hat es gestohlen.
Jetzt ist der Akku von deinem Handy wieder leer.	Ich glaube, jemand hat den Geldbeutel aus deiner Tasche genommen.	Hier gibt es keine Tankstelle und der Tank ist fast leer.

Mini-Gespräche: Vergleiche

Schritte PLUS NEU B1
Spielesammlung 8

A: **Je länger** man Deutsch lernt, …
B: … **desto besser** versteht man die Leute.

Je länger man Deutsch lernt, …	Je mehr Geld man hat, …	Je älter ein Auto ist, …
Je besser das Essen schmeckt, …	Je mehr Süßigkeiten man isst, …	Je reicher ein Land ist, …
Je schneller man fährt, …	Je langsamer die Leute Deutsch sprechen, …	Je länger man in Deutschland lebt, …
Je länger man schläft, …	Je älter man ist, …	Je gesünder man sich ernährt, …
Je mehr Leute arbeitslos sind, …	Je lauter die Musik ist, …	Je mehr man weiß, …
Je zentraler die Wohnung liegt, …	Je heißer es ist, …	Je freundlicher du selbst bist, …

Mini-Gespräche: **Aufgaben aufteilen**

Schritte PLUS NEU B1 — Spielesammlung — 9

A: Ich putze heute die Fenster.
B: Gut. **Während** du die Fenster **putzt**, gehe ich (schon mal) einkaufen / kann ich ja einkaufen gehen.

Ich putze heute die Fenster.	Ich koche jetzt dann das Abendessen.	Ich kümmere mich um die Rechnungen.
Ich gieße die Blumen.	Ich hole uns ein paar Brezeln vom Bäcker.	Ich sauge Staub.
Ich backe einen Kuchen für unsere Gäste.	Ich bestelle im Internet die Flugtickets für unseren Urlaub.	Ich mache ein paar dringende Überweisungen.
Ich bringe die Briefe zur Post.	Ich erledige die Kopien für den Chef.	Ich kümmere mich um den Abwasch.
Ich bringe den Müll raus.	Ich hole schnell die Post aus dem Briefkasten.	Ich fahre schon mal das Auto aus der Garage. Dann können wir bald los.
Ich packe die Koffer für die Reise.	Ich mache jetzt eine Pause.	Ich trinke ein Tässchen Kaffee.

Mini-Gespräche: **Gemeinsamkeiten und Unterschiede** Schritte **PLUS NEU B1**
Spielesammlung

A: Ich esse **alles**, **was** meine Mutter kocht. Und Sie? / Und du?
B: Ich esse **alles**, **was** süß ist.

Ich esse alles, was …	Ich kaufe nichts, was …	Ich koche gern etwas, was …
Ich bezahle nichts, was …	Ich möchte dort leben, wo …	Ich trinke nichts, was …
Ich sehe etwas, was …	Ich würde alles verkaufen, was …	Ich bezahle auch viel Geld für etwas, was …
Ich mache alles, was …	Ich schlafe am liebsten da, wo …	Ich brauche nichts, was …
Ich bin gern da, wo …	Im Urlaub möchte ich dahin fahren, wo(hin) …	Ich mache nichts, was …
Ich sehe mir im Fernsehen alles an, was …	Ich erzähle meinem Freund / meiner Freundin alles, was …	Ich spreche gern über etwas, was …

Mini-Gespräche: **Vermutungen/Vorhersagen** ausdrücken

Schritte PLUS NEU B1 — Spielesammlung — 11

A: Auf der Autobahn mit 200 km/h zu fahren, das macht Spaß.
B: Irgendwann **wirst** du (noch) einen Unfall **bauen**. / Wenn Sie so schnell fahren, **werden** Sie irgendwann einen Unfall **bauen**.

Auf der Autobahn mit 200 km/h zu fahren, das macht Spaß.	Morgen ist die Prüfung, aber ich gehe heute trotzdem auf die Party.	Das Computerspiel ist super. Ich spiele jeden Abend fünf Stunden.
38 Grad Fieber, kein Problem. Ich gehe trotzdem zur Arbeit.	Mama, darf ich noch eine Flasche Cola trinken?	Ich will den Motorradhelm nicht aufsetzen.
Ich esse am liebsten jeden Tag Fastfood.	Oh, ich habe kein Kleingeld. Dann fahre ich eben ohne Fahrkarte.	Acht Uhr, ach, ich bleibe einfach noch eine halbe Stunde im Bett.
Drei Bier sind kein Problem. Ich kann noch sehr gut Auto fahren.	Ich möchte heute mal ins Kasino gehen und Roulette spielen.	Ich lasse mich nicht gegen Grippe impfen.
14 Grad, da nehme ich doch keine Jacke mit.	Ich parke einfach hier im Parkverbot. Es ist ja nur für fünf Minuten.	Wir haben noch genug Zeit. Der Bus fährt erst in zwei Minuten.
Ich kann die vier Teller Suppe auf einmal tragen.	Das Motorrad ist zwar schon alt, aber ich will es trotzdem kaufen.	Ich brauche keine Sonnencreme.

Mini-Gespräche: Eine Möglichkeit nennen

Schritte PLUS NEU B1 – Spielesammlung — 12

A: Wie kann man sich das Rauchen abgewöhnen?
B: **Indem** man an einem Nichtraucherkurs teilnimmt.

sich das Rauchen abgewöhnen	möglichst schnell Deutsch lernen	100 Jahre alt werden
eine nette Partnerin / einen netten Partner finden	am besten abnehmen	einen guten Arzt finden
in Ihrer Heimat einen Job finden	berühmt werden	einen deutschen Pass bekommen
ein weinendes Baby beruhigen	sich neue Wörter gut merken	eine günstige Wohnung finden
Deutsche kennenlernen	gut kochen lernen	sich mit seiner Schwiegermutter gut verstehen
am schnellsten zum nächsten Flughafen kommen	im Deutschtest eine gute Note bekommen	armen Menschen helfen

Mini-Gespräche: **Steigerung**

Schritte PLUS NEU B1
Spielesammlung 13

A: **Hast du** eine große Wohnung? / **Haben Sie** eine große Wohnung?
B: Ja, ich hätte nichts gegen **eine** noch **größere**. / Nein, ich hätte gern **eine größere**.

eine große Wohnung	eine gute Kamera	ein schnelles Auto
viel Geld	reiche Eltern	eine interessante Arbeit
einen großen Balkon	eine schöne Sonnenbrille	ein gutes Rezept für Pizza
einen guten Arzt	einen günstigen Friseur	einen schnellen Computer
nette Nachbarn	viel Schmuck	bequeme Schuhe
ein gemütliches Bett	schöne Möbel	eine nette Schwiegermutter

Gesprächsanlässe **Anleitung**

Schritte PLUS NEU B1
Spielesammlung

Auf den Seiten 130 – 143 finden Sie **14 verschiedene Fragebögen** als Gesprächsanlass. Zu jeder Vorlage gibt es fünf verschiedene Einsatzmöglichkeiten, z. B. als Gespräch in Kleingruppen oder als Klassenspaziergang.

Themen und Wortschatz passen zu den einzelnen Lektionen von *Schritte plus Neu 5 und 6*, können aber auch zu anderen Lehrwerken eingesetzt werden.

Möglichkeit 1: Gespräch in Kleingruppen

1. Jede/r TN bekommt eine Kopie des Fragebogens. Stellen Sie sicher, dass alle Fragen verstanden werden.
2. Die TN bilden Dreiergruppen und befragen sich gegenseitig. Hören Sie ggf. abwechselnd bei einigen Gruppen zu und helfen Sie, falls nötig.
3. Sie können eine/n TN bestimmen, der im Anschluss einige interessante Gesprächsergebnisse im Kurs zusammenfasst. Möglicherweise ist es dabei sinnvoll, einen zeitlichen Rahmen festzulegen. Alternativ können Sie anschließend auch ein oder zwei Fragen aufgreifen und diese im Plenum diskutieren.

Hinweis: Das eigentliche Ziel dieser Gespräche ist es, das flüssige Sprechen ohne Angst vor Fehlern zu üben. Hier sind korrekturfreie Phasen sinnvoll. Damit die TN sich nicht alleingelassen fühlen, sollten Sie diese Absicht vorab transparent machen.
Wenn Sie möchten, können Sie natürlich auch einige Fehler, die Ihnen beim Zuhören aufgefallen sind, aufgreifen und anschließend im Plenum besprechen.

Möglichkeit 2: Prüfungstraining

1. Jede/r TN bekommt eine Kopie des Fragebogens. Stellen Sie sicher, dass alle Fragen verstanden werden.
2. Die TN bilden Gruppen zu je zwei oder drei TN und befragen sich gegenseitig. Hören Sie abwechselnd bei einigen Gruppen zu und helfen Sie, falls nötig.
3. Als Vorbereitung für mündliche Prüfungen wiederholt eine Gruppe einen von ihr gewählten Teil des Gesprächs im Plenum oder wird von den restlichen TN befragt. Eine Rückmeldung, inwieweit das Gespräch den Prüfungskriterien wie grammatikalische Korrektheit, Flüssigkeit oder Aussprache entsprochen hat, sollte folgen.

Möglichkeit 3: Klassenspaziergang

Hinweis: Diese Möglichkeit eignet sich, wenn die einzelnen Fragen nicht aufeinander aufbauen.

> **VORBEREITUNG:** Kopieren Sie einen Fragebogen je nach Klassengröße einmal oder mehrmals und zerschneiden Sie die Kopien in einzelne Fragen.

1. Verteilen Sie an jede/n TN eine Frage.
2. Die TN gehen im Kursraum umher und befragen eine Partnerin / einen Partner.
3. Dann werden die Fragen getauscht und die TN suchen sich eine neue Person.

Möglichkeit 4: Diskussion im Plenum

In kleinen Kursen können die Fragen im Plenum diskutiert werden.

Möglichkeit 5: Gespräch mit schriftlicher Übung

Die TN beantworten vor oder nach dem Gespräch einen Teil der Fragen schriftlich. Dabei sind verschiedene Ansätze denkbar: Beantwortung der Fragen, Zusammenfassung des Gesprächs, freier Aufsatz zum Thema usw. Diese Aufgaben können in Einzelarbeit oder in Partnerarbeit erledigt werden.

Einsatz im Unterricht

Die Gesprächsanlässe eignen sich besonders
– zur produktiven Anwendung von Wortschatz, Redemitteln und Grammatik: Das freie Sprechen kommt in Deutschkursen häufig zu kurz. Die Gesprächsanlässe beziehen sich inhaltlich auf das Thema einer Lektion. Somit sind sie eine ideale Möglichkeit, um Wortschatz, Redemittel und Grammatik der Lektion frei anzuwenden.

Gesprächsanlässe **Anleitung**

- zur Prüfungsvorbereitung: Die Gesprächsanlässe decken die wichtigsten Themen im mündlichen Teil gängiger DaZ-/DaF-Prüfungen ab. Die Aufgabe besteht in der Regel darin, sich von einem Foto, einem Wort- oder Bildimpuls ausgehend zu einem allgemeinen Gesprächsthema zu äußern. Manchen TN fällt dies jedoch sehr schwer. Mithilfe der vorbereiteten Fragen stellen Sie zum einen konkrete Frage-Antwort-Modelle zur Verfügung, zum anderen erleichtern Sie es den TN, die Bandbreite eines Themas zu erkennen und verschiedene Aspekte zu erläutern.
- zum freien Schreiben: Das freie Schreiben kann nicht oft genug geübt werden.
Nach der mündlichen Beantwortung der Fragen fällt es den TN meist wesentlich leichter, ihre Gedanken schriftlich festzuhalten. Es zeigt sich dabei sehr schnell, inwieweit die TN Wortschatz und Grammatik auch aktiv beherrschen.
- zum Erfahrungsaustausch und zur Verbesserung der Gruppenatmosphäre: Die meisten Gesprächsthemen greifen Alltagssituationen und persönliche Erfahrungen auf. Die TN können sich darüber austauschen, sich gegenseitig unterstützen und gute und schlechte Erlebnisse mit anderen teilen. Auf diese Weise lernen sie sich besser kennen und wachsen als Gruppe zusammen.
- zur Auflockerung und Motivation: Wenn die TN müde oder unkonzentriert sind, bietet diese Übungsform eine willkommene Abwechslung. Gerade TN, die außerhalb des Kurses kaum Deutsch sprechen, werden durch die freien Gespräche sehr motiviert. Sie merken, dass das mühsame Erlernen von Wörtern und Grammatik ihnen tatsächlich die Möglichkeit gibt, zu kommunizieren und die Isolation in einem fremden Land zu durchbrechen. TN, die bereits länger in Deutschland leben und mündlich häufig stärker sind als schriftlich, können hier ihre Fähigkeiten herausstellen.

Gesprächsanlässe: Glück

1. Haben Sie einen Glücksbringer oder etwas, was Sie beschützt?
2. Welche Zahlen oder Symbole bringen in Ihrem Land Glück oder Pech?
3. An Silvester, an Neujahr, bei der Geburt oder bei der Hochzeit wünscht man sich viel Glück. Erzählen Sie von typischen Traditionen in Ihrem Land oder in Ihrer Familie: Was macht man? Wie wünscht man sich Glück? (Gibt es Geschenke? Geld? Ein besonderes Ritual? …)
4. In welcher Situation hatten Sie großes Glück? Erzählen Sie.
5. Welche interessante Geschichte ist Ihnen oder Ihren Freunden passiert?
6. _____
7. _____
8. _____

Gesprächsanlässe: Radio und Fernsehen

1. Sehen Sie fern? Hören Sie Radio? Wann? Wie oft? Wie lange?
2. Wo steht Ihr Fernseher / Ihr Radio?
3. Welche Sender sehen Sie oft, welche nie?
4. Sehen Sie lieber Sender aus Ihrer Heimat oder deutsche Sender? Warum?
5. Welche Sendungen mögen Sie besonders gern, welche mögen Sie gar nicht?
6. Worüber ärgern Sie sich? Warum?
7. Wo informieren Sie sich über das Programm?
8. Welche besonders gute oder besonders schlechte Sendung haben Sie in letzter Zeit gesehen oder gehört? Erzählen Sie davon.
9. Wie wäre Ihr Leben ohne Fernseher? Was wäre besser? Was wäre schlechter?
10. Wie viele Stunden am Tag sollten Kinder oder Erwachsene maximal fernsehen? Warum?
11. In Deutschland muss man für das öffentliche Fernsehen und Radio Gebühren bezahlen. Dafür gibt es viel weniger Werbung als bei privaten Sendern. Wie denken Sie darüber?
12. _____
13. _____
14. _____

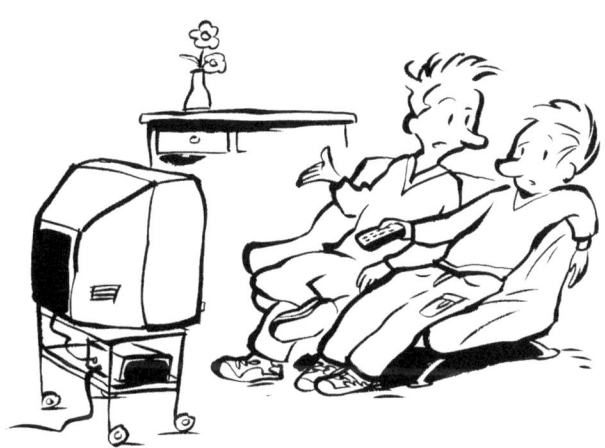

Gesprächsanlässe: Gesundheit

1. Warum gehen Sie (nicht) regelmäßig zu Vorsorgeuntersuchungen, z. B. zum Zahnarzt, Kinderarzt, Frauenarzt?
2. Welche Sportarten sind Ihrer Meinung nach besonders gesund? Kann Sport auch ungesund sein?
3. Wie ernährt man sich gesund?
4. Ist das Essen in Ihrer Heimat gesünder als hier? Warum (nicht)?
5. Sind Bio-Lebensmittel wirklich gesünder? Kaufen Sie welche? Warum (nicht)?
6. Was kann man gegen Stress tun?
7. Welche Erfahrungen haben Sie mit Hausmitteln[1]? Welche helfen besonders gut/schlecht?
8. Kennen Sie jemanden, der über 90 oder sogar 100 Jahre alt ist? Was hat diese Person für ihre Gesundheit getan?
9. Was tun Sie noch für Ihre Gesundheit?
10. _____
11. _____
12. _____

[1] das Hausmittel = Medizin aus der Küche; z. B. Tee oder Honig gegen Husten, Orangensaft gegen Schnupfen

Gesprächsanlässe: Sprachen

1. Was ist Ihre Muttersprache? Sprechen Sie auch einen Dialekt[1]?
2. Welche Fremdsprachen sprechen Sie? Wie/Wo haben Sie sie gelernt?
3. Wenn Sie in der Schule eine Fremdsprache gelernt haben: Was war anders als in Ihrem Deutschkurs?
4. Finden Sie, dass Sie ein Talent[2] für Sprachen haben? Warum (nicht)?
5. Warum lernen Sie Deutsch? Was ist Ihr Ziel?
6. Was ist Ihre größte Schwierigkeit beim Deutschlernen?
7. Was ist für Sie die beste Methode, eine Sprache zu lernen? (auswendig lernen, Kontakt mit Muttersprachlern[3])
8. Was gefällt Ihnen an der deutschen Sprache?
9. Was ist Ihr Lieblingswort?
10. Wie fühlen Sie sich, wenn Sie Deutsch sprechen?
11. Welche Sprache sprechen Sie mit Ihren Kindern? Können Sie sich vorstellen, mit Ihren Kindern (später mal) Deutsch zu sprechen?
12. _____
13. _____
14. _____

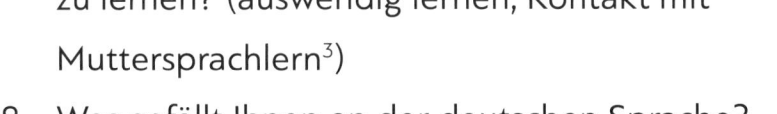

[1] der Dialekt, -e = In Ihrer Heimatregion spricht man ein bisschen anders, z. B. in Bayern sprechen viele Leute Bairisch.
[2] Talent haben = Man lernt etwas leicht und schnell.
[3] der Muttersprachler, - = Person, die eine Sprache als Kind (von den Eltern) gelernt hat und diese Sprache am meisten benutzt

Gesprächsanlässe: **Arbeit**

1. Welche Arbeit möchten Sie gern hier machen und was machen Sie zurzeit?
2. In Deutschland, Österreich oder der Schweiz braucht man für viele Berufe eine Ausbildung oder ein Studium. Wissen Sie, welche Ausbildung man hier für Ihren Wunschberuf braucht?
3. Wenn Sie schon eine Ausbildung haben: Ist Ihre Ausbildung hier anerkannt[1]? Welche Möglichkeiten haben Sie, hier eine Ausbildung oder ein Studium zu machen?
4. Wo kann man sich in Ihrer Stadt oder im Internet über berufliche Möglichkeiten informieren?
5. Ist es in diesem Beruf leicht, eine Stelle zu finden?
6. Wie viel verdient man ungefähr pro Monat?
7. Möchten Sie halbtags oder ganztags arbeiten?
8. Haben Sie sich schon mal bei einer Firma um eine Stelle beworben? Wenn ja, welche Erfahrungen haben Sie dabei gemacht?
9. Wo können Sie Hilfe beim Schreiben einer Bewerbung finden?
10. _____
11. _____
12. _____

---

[1] anerkannt sein = akzeptiert sein: Ihr Diplom gilt auch hier und Sie dürfen in Ihrem Beruf arbeiten.

Gesprächsanlässe: **Selbstständig**

1. Erzählen Sie von Verwandten, Freunden oder Bekannten, die selbstständig sind. Haben sie einen eigenen Laden oder eine eigene Firma? Oder haben Sie selbst eine eigene Firma?
2. Was wird verkauft oder welcher Service wird angeboten?
3. Wie ist der Verdienst? Verdienen sie besser als Angestellte?
4. Wie sind die Arbeitszeiten?
5. Wie viele Mitarbeiter und Mitarbeiterinnen gibt es?
6. Welche Kompetenzen braucht man, um eine eigene Firma zu gründen?
7. Gibt es in Ihrer Heimat viele Selbstständige? Wenn ja, in welchen Berufen sind sie tätig?
8. Welche Vorteile und welche Nachteile gibt es, wenn man selbstständig ist?
9. Würden Sie sich gern selbstständig machen? Warum (nicht)? Wenn ja, haben Sie eine interessante Geschäftsidee?

Gesprächsanlässe: Wohnen und Träumen

1. Wo haben Sie in Ihrer Heimat gewohnt? Wie war Ihre Wohnung / Ihr Haus?
2. Wo und wie wohnen Sie in Deutschland / in Österreich / in der Schweiz?
3. Wie ist der Kontakt zu Ihren Nachbarn?
4. Hatten Sie schon mal Probleme mit Ihren Nachbarn? Was ist passiert und wie haben Sie die Probleme gelöst?
5. Wo möchten Sie lieber wohnen: in einer Großstadt, in einer Kleinstadt oder auf dem Land? Was, glauben Sie, sind die Vorteile[1], was sind die Nachteile[2] für Sie?
6. Wohnen Sie lieber in einer Wohnung oder in einem Haus mit Garten? Warum?
7. Worauf achten Sie bei der Wohnungswahl? Was ist für Sie besonders wichtig? (z. B. viel Platz, Ruhe, Licht, zentrale Lage)
8. Was gefällt Ihnen an Ihrer Wohnung / Ihrem Haus besonders gut?
9. Was würden Sie an Ihrer Wohnung / Ihrem Haus gern ändern?
10. Wie wäre Ihre Traumwohnung / Ihr Traumhaus? Was müsste sie/es unbedingt haben? Wo müsste sie/es sein? Wie wären die Räume?
11. _____
12. _____
13. _____

[1] der Vorteil, -e = etwas, was positiv ist
[2] der Nachteil, -e = etwas, was schlecht oder negativ ist

Gesprächsanlässe: Beziehungen am Arbeitsplatz oder im Deutschkurs

1. Gibt es eine Freundschaft zwischen Ihnen und einer Arbeitskollegin oder einem Arbeitskollegen?
2. Wie finden Sie es, wenn man mit der Chefin oder dem Chef befreundet ist?
3. Sollte man Privat- und Berufsleben trennen? Warum (nicht)?
4. Was ist für ein gutes Betriebsklima wichtig?
5. Wie kann die Lehrerin/der Lehrer für eine gute Atmosphäre im Deutschkurs sorgen? Was können die Kursteilnehmerinnen und Kursteilnehmer für ein gutes Klima tun?
6. Wo und wann haben Sie Ihre beste Freundin oder Ihren besten Freund kennengelernt?
7. Was machen Sie zusammen?
8. Was mögen Sie an ihr/ihm?
9. Sprechen Sie mit ihr/ihm auch über Ihren Deutschkurs oder über Ihre Arbeit? Warum (nicht)?

Gesprächsanlässe: Technik

1. Können Sie Probleme mit dem Computer selbst lösen oder kennen Sie jemanden, der Ihnen dabei hilft?
2. Welches Gerät war bei Ihnen schon mal kaputt? Was war das Problem? Wer hat das Gerät repariert?
3. Hatten Sie schon mal Probleme mit einem Techniker? Wenn ja, welche?
4. Wo kann man hier die Adresse von Technikern finden?
5. Welche technischen Geräte brauchen Sie in Ihrem Leben unbedingt?
6. Braucht man Ihrer Meinung nach einen elektrischen Dosenöffner, ein elektrisches Messer, eine elektrische Zahnbürste, einen elektrischen Rasierer, ein elektronisches Wörterbuch oder einen Wasserkocher …?
7. Stimmt es, dass Frauen mehr Probleme mit der Technik haben als Männer? Warum (nicht)? Können Sie ein Beispiel geben?
8. _____
9. _____
10. _____

Gesprächsanlässe: Werbung

1. Informieren Sie sich regelmäßig über neue Produkte und Sonderangebote?
2. Wie/Wo informieren Sie sich?
3. Wann ist Werbung für Sie wichtig, interessant, nervend …?
4. Haben Sie in letzter Zeit eine besonders gute Werbung gesehen oder eine Werbung, über die Sie sich geärgert haben? Was hat Ihnen daran gefallen oder was hat Sie geärgert?
5. Sehen Sie sich Werbung im Fernsehen an oder wechseln Sie sofort zu einem anderen Sender?
6. Wo gibt es Ihrer Erfahrung nach mehr Werbung: in Ihrem Heimatland oder in Deutschland?
7. Haben Sie schon einmal etwas gekauft, was Sie gar nicht gebraucht haben, weil Sie Werbung für dieses Produkt gesehen hatten?
8. Werbung für Zigaretten ist an vielen Orten verboten. Sollte man Ihrer Meinung nach auch Werbung für Alkohol verbieten?
9. _____
10. _____
11. _____

Gesprächsanlässe: Integration

1. Welche Vorstellungen hatten Sie von Deutschland und den Deutschen bzw. von Österreich oder der Schweiz, bevor Sie hierher gekommen sind?
2. Woher hatten Sie diese Informationen? (z. B. aus Filmen, von Freunden, aus Büchern ...)
3. Was war nur ein Vorurteil[1] und ist in Wirklichkeit ganz anders?
4. Was gefällt Ihnen hier besonders gut? Was finden Sie in Ihrem Heimatland besser?
5. Erzählen Sie von einer Situation, in der Sie sich fremd gefühlt haben.
6. Glauben Sie, dass es zwischen Migranten und Einheimischen[2] Probleme gibt? Wenn ja, welche? Welche Erfahrungen haben Sie selbst gemacht?
7. Müssen Migranten, die länger in einem Land leben, gut die Landessprache sprechen und schreiben können? Wenn ja, warum? Wie gut sollten sie die Sprache können?
8. Gibt es in Ihrer Heimat auch Migranten? Woher kommen sie und wie leben sie?
9. Was sollten Ihrer Meinung nach Einheimische für eine bessere Integration von Migranten tun? Was sollten Migranten für ihre Integration tun?
10. _____
11. _____

---

[1] das Vorurteil, -e = Meinung über eine Person oder eine Sache, die ich gar nicht kenne (z. B.: Ich denke, dass alle Deutschen groß und blond sind, obwohl ich (fast) keine Deutschen kenne.)
[2] Einheimische = ↔ Ausländer

Gesprächsanlässe: Hilfe bei Problemen

1. Was würden Sie machen, wenn Ihr Kind Angst hätte, in den Kindergarten oder in die Schule zu gehen? Was raten Sie Eltern, die dieses Problem haben?
2. Eine bekannte Familie hat vor einem Jahr einen Kredit aufgenommen. Jetzt hat Herr A. seine Arbeit verloren und die Familie kann den Kredit nicht zurückzahlen. Wo könnte die Familie Hilfe bekommen?
3. Eine Bekannte ist vor sechs Monaten zu ihrem Mann nach Deutschland gezogen. Ihr Mann arbeitet viel und sie ist den ganzen Tag allein. Sie hat hier noch keine Freunde und ist sehr unglücklich. Was würden Sie an ihrer Stelle tun?
4. Kennen Sie jemand, der zu viel Alkohol trinkt? Wie geht es seiner/ihrer Familie? Haben Sie versucht, der Person und ihrer Familie zu helfen? Warum (nicht)?
5. Ihre Freundin wird von ihrem Mann oft geschlagen. Trotzdem möchte sie sich nicht von ihm trennen. Welche Möglichkeiten hat Ihre Freundin, um ihre Situation zu verbessern?
6. _____

Suchen Sie, wenn möglich, im Internet oder im Telefonbuch nach Adressen von Beratungsstellen.

Gesprächsanlässe: Politik und Geschichte

1. Wie heißt Ihre Währung[1]? Wie viel kostet bei Ihnen ein Euro?
2. Wie sieht die Fahne Ihres Landes aus? Welche Farben hat sie? Hat sie auch Symbole? Wissen Sie, was die Farben und Symbole bedeuten?
3. Hatte Ihr Land früher einen anderen Namen?
4. Wann wurde Ihr Land gegründet?
5. Wie heißen die Nachbarländer?
6. Mit welchen Ländern ist Ihr Land befreundet?
7. Mit welchen Ländern gibt es Probleme?
8. Gibt es einen politischen Feiertag bei Ihnen? Warum wird er gefeiert?
9. Wie heißt der Regierungschef oder die Regierungschefin? Was können Sie über die Politik der Regierung sagen?
10. Welche wichtigen Ereignisse sind in Ihrem Land passiert?
11. Welche Probleme gibt es in Ihrer Heimat?
12. _____
13. _____
14. _____

[1] die Währung, - = das Geld in einem Land, z. B. Euro, Dollar, Rubel …

Gesprächsanlässe: Prüfung

1. Was war Ihre schwierigste/leichteste Prüfung?
2. Mögen Sie lieber mündliche oder lieber schriftliche Prüfungen?
3. Wie bereiten Sie sich auf Prüfungen vor? Lernen Sie lieber allein oder mit Freunden? Beginnen Sie lange vorher zu lernen oder lernen Sie auf den letzten Drücker[1] und legen auch mal eine Nachtschicht ein[2]?
4. Sind Sie vor oder während einer Prüfung nervös? Was tun Sie dagegen?
5. Haben Sie einen Glücksbringer für Prüfungen?
6. Lernen Sie im Deutschkurs mehr, wenn es regelmäßig Tests gibt?
7. Lernen Sie mehr, wenn Sie schlechte Noten haben, oder sind Sie dann frustriert und verlieren die Lust am Lernen?
8. Welche Prüfung werden Sie in nächster Zeit vermutlich machen?
9. _____
10. _____
11. _____

[1] etwas auf den letzten Drücker machen = im letzten Moment machen
[2] eine Nachtschicht einlegen = hier: die ganze Nacht lernen